REAKTIVITÄT ÜBERWINDEN

Paul David Tripp

REAKTIVITÄT ÜBERWINDEN

Wie das Evangelium unsere digitale Kommunikation entgiftet

Die Deutsche Nationalbibliothek verzeichnet diese Publikation in der Deutschen Nationalbibliographie; detaillierte bibliographische Daten sind im Internet über dnb.de abrufbar.

TITEL DES ENGLISCHEN ORIGINALS:
Reactivity: How the Gospel Transforms Our Actions and Reactions

Published by Crossway
a publishing ministry of
Good News Publishers
Wheaton, Illinois 60187, U.S.A.
This edition published by
arrangement with Crossway.

Wenn nicht anders angegeben, wurde folgende Bibelübersetzung verwendet: Lutherbibel, revidiert 2017, © 2016 Deutsche Bibelgesellschaft, Stuttgart

verbum-medien.de
info@verbum-medien.de

ÜBERSETZUNG:
Marion Gebert
LEKTORAT:
Florian Gostner
BUCHGESTALTUNG UND SATZ:
Annika Felder
DRUCK UND BINDUNG:
Finidr

1. Auflage 2024
Best.-Nr. 8652 111
ISBN 978-3-98665-111-4
E-Book 978-3-98665-112-1

Solltest du Fehler in diesem Buch entdecken, würden wir uns über einen kurzen Hinweis an fehler@verbum-medien.de freuen.

Dem besten Mitarbeiterteam aller Zeiten gewidmet. Ihr seid hingegeben, treu, und klüger als ich. Ich bin gesegnet, weil Gott euch mir über den Weg geschickt hat und weil ich diesen Dienst zusammen mit euch tun darf.

Inhalt

Einleitung

Ich bin kein ausgebildeter Kulturkritiker oder Analyst für digitale Medien. Ich halte es jedoch für wichtig und hilfreich, alle Dinge, mit denen wir selbst, unsere Gemeinden und die Kultur konfrontiert sind, anhand der Heiligen Schrift und insbesondere durch die Brille des Evangeliums zu betrachten. Es ist immer dieselbe Frage, die mich bei allen Büchern anleitet, die ich geschrieben habe: »Wie sieht diese Sache aus, wenn ich sie aus dem Blickwinkel des Evangeliums betrachte?« Für die meisten Menschen hat das Evangelium mit der Rechtfertigung in der Vergangenheit und unserer Bestimmung in der Zukunft zu tun, was natürlich stimmt. Das Evangelium bietet uns jedoch auch hier und jetzt schon eine neue Sichtweise auf alle Dinge. Es hilft uns, die Welt zu erklären, und zeigt uns, wie wir leben sollen. Die Wahrheiten des Evangeliums, sein Trost und sein Ruf führen zu einer gänzlich neuen Art und Weise, alles zu verstehen und mit allem umzugehen, was uns im Leben passiert. Das Evangelium ist die gnädige Gabe von dem, der versprochen hat, uns alles zu geben, was wir brauchen – nicht nur für das ewige Leben, sondern auch für ein Leben, das Gott ehrt. Das gilt ab dem Tag, an dem er uns als sein Eigentum annimmt, bis zu dem Tag, an dem wir nach Hause gehen, um bei ihm zu sein.

Dabei muss dir bewusst sein, dass die Bibel zwar umfassend, aber nicht erschöpfend ist. Sie teilt uns nicht alles über alle Dinge mit. Wenn deine Bibel jedes Thema erschöpfend behandeln würde, müsstest du sie am Sonntag in fünf Sattelschleppern zur Kirche transportieren. Es gibt vieles, über das die Bibel nichts sagt. Sie ist jedoch umfassend – sie hat nicht zu allem etwas zu sagen, aber sie ist wie eine Brille, durch die du alle Dinge betrachten kannst. Mit diesem Verständnis habe ich dieses Buch geschrieben. Es soll dir helfen, unsere heutige Kultur zu verstehen, insbesondere unsere Gepflogenheiten rund um die sozialen Medien. Der Zweck dieses Buches ist es, die toxische und von Reaktivität geprägte Kultur, der wir vermutlich jeden Tag ausgesetzt sind, durch die Brille des Evangeliums zu sehen. Wenn wir auf diese Weise die vorherrschenden Themen in unserer Gesellschaft betrachten, gewinnen wir Verständnis und Klarheit, wir finden eine Berufung, eine Neuausrichtung und Hoffnung. Ich habe mein bisheriges Leben damit verbracht, die Herrlichkeit, Schönheit und Tiefe des Evangeliums zu ergründen. Auf diese Spur hat mich Gott gesetzt und auf ihr will ich bleiben, bis Gott mich zu sich holt.

Wir leben in einer lärmenden, verwirrenden Welt mit Tausenden Stimmen. In diesem ganzen Getöse ist es schwer, sich selbst denken zu hören. Angesichts der Macht der digitalen Medien ist es fast unmöglich, dieser Kakophonie zu entkommen und genug Ruhe zum Nachdenken und Reflektieren zu finden. Wir tragen ein kleines Gerät in unseren Taschen, das uns täglich mit unzähligen Meinungen zu unzähligen Themen verbindet. Selbsternannte

Meinungsmacher sagen uns, was wir denken und wie wir reagieren sollen. Kein Thema, egal wie belanglos oder wie bedeutsam, bleibt davon unberührt. Es scheint, als ob jeder zu allem etwas zu sagen hätte. Das schafft Verwirrung – und Verwirrung ist kein gesunder oder sicherer Zustand.

Wir brauchen dringend etwas, das den Lärm all der Meinungen durchbricht, uns hilft, richtig zu denken und angemessen auf die Dinge zu reagieren, mit denen wir jetzt und künftig konfrontiert sind. Ich liebe es, wie Gott in Sprüche 1 von seiner eigenen Wahrheit spricht:

> **»Dies sind die Sprüche Salomos, des Sohnes Davids, des Königs von Israel, um zu lernen Weisheit und Zucht und zu verstehen verständige Rede, dass man annehme Zucht, die da klug macht, Gerechtigkeit, Recht und Redlichkeit; dass die Unverständigen klug werden und die Jünglinge vernünftig und besonnen. Wer weise ist, der höre zu und wachse an Weisheit, und wer verständig ist, der lasse sich raten, dass er verstehe Sprüche und Gleichnisse, die Worte der Weisen und ihre Rätsel. Die Furcht des HERRN ist der Anfang der Erkenntnis. Die Toren verachten Weisheit und Zucht.«**
>
> **SPR 1,1–7**

Was sagt Gott über seine Wahrheit und darüber, was sie für uns bedeutet? Erstens möchte er, dass wir wissen, dass seine Wahrheit in unserem realen Leben *praktisch* umzusetzen ist. Sie soll sich auf unseren Alltag auswirken und ihn prägen (»dass man annehme Zucht, die da klug macht«; »Wer weise ist, der höre zu und wachse an Weisheit«). Gott möchte dir bewusst machen, dass seine Wahrheit einen *moralischen Rahmen* vorgibt, anhand dessen du alles beurteilen kannst (»Gerechtigkeit, Recht und Redlichkeit«). Er möchte, dass du weißt, dass seine Wahrheit *den Bedürfnissen aller Menschen entspricht* (»dass die

Unverständigen klug werden und die Jünglinge vernünftig und besonnen«). Abschließend möchte er, dass du weißt, dass sein Wort dir hilft, *Geheimnisse zu verstehen*, die dir sonst verborgen blieben (»dass er verstehe Sprüche und Gleichnisse, die Worte der Weisen und ihre Rätsel«). Genau dabei soll dir die Brille des Evangeliums helfen, wenn du dich den Problemen stellst, die dich täglich bedrängen.

Dieses Buch ist keine umfassende wissenschaftliche oder soziologische Untersuchung aktueller kultureller Ereignisse. Es soll uns vielmehr dazu bewegen, unsere Evangeliums-Brille aufzusetzen und einen Blick auf den Charakter und den Ton unserer Gespräche und vor allem unserer Interaktionen auf den Online-Plattformen zu werfen, auf denen wir täglich unterwegs sind. Wenn wir *den Inhalt und die Art und Weise* unserer Kommunikation anhand des Evangeliums prüfen, werden wir hoffentlich nicht nur besser informiert sein, sondern auch überführt und grundlegend verändert werden. Als Gemeinschaft, die vom Evangelium geprägt ist, können wir die fast allgegenwärtige toxische Kultur überwinden und wie eine Stadt auf dem Berg in einer beklagenswerten, verfinsterten Welt leuchten.

1

Reaktivität

Meinen ersten Tweet postete ich im Februar 2009. Ich hatte den Aufstieg des Internets und die rasante Entwicklung dessen, was wir heute soziale Medien nennen, beobachtet. Dabei wurde mir klar, dass die Art und Weise, wie Menschen miteinander in Beziehung treten und kommunizieren, eine gewaltige Veränderung erfahren würde. Ich dachte, dass diese neuen, internetbasierten Medien mächtige Werkzeuge zur Verbreitung des Evangeliums von Jesus Christus sein könnten. Ich beschloss, nur Aussagen aus dem Evangelium zu posten (außer auf meiner persönlichen Instagram-Seite). Über dreizehntausend Tweets später stehe ich immer noch jeden Morgen auf, setze mich ins Wohnzimmer und teile drei Gedanken zum Evangelium auf X (ehemals Twitter). Ich werde das so lange tun, wie ich kann, denn ohne aus meinem Sessel aufzustehen, kann ich Menschen auf der ganzen Welt mit den großartigen Wahrheiten über die Person und das Werk Jesu

Christi erreichen und ihnen helfen, diese Wahrheiten in ihrem Alltag anzuwenden. Millionen Menschen sind von meinem Sessel in diesem kleinen Raum in Philadelphia aus mit dem Evangelium in Kontakt gekommen. Welch unglaublich mächtige Werkzeuge sind uns damit in die Hände gelegt worden!

Es gibt jedoch ein Problem mit Werkzeugen. Der Hammer, mit dessen Hilfe man ein Haus baut, kann auch verwendet werden, um bei einem Raubüberfall ein Fenster einzuschlagen. Der Schraubenzieher, mit dem man etwas Nützliches zusammenbaut, kann auch benutzt werden, um jemanden in einem Wutanfall zu erstechen. So ist es auch mit den sozialen Medien. Das X von heute ist nicht das Twitter von 2009. Ich bin immer wieder schockiert über die Dunkelheit, die heute dort herrscht. Ein großer Teil dieser Finsternis zeigt sich darin, wie die Menschen hinter der schützenden Hülle eines weit vom Gegenüber entfernten Bildschirms miteinander kommunizieren. Obwohl ich nie etwas anderes poste als Gedanken zum Evangelium und dazu aufrufe, sie in unserem Alltag anzuwenden, erhalte ich die hässlichsten Reaktionen, die oft meinen Glauben, meinen Charakter und meine Motive verleumden. Mir wurde gesagt, dass ich ein Marxist sei, dass ich das Evangelium aufgegeben hätte und sogar, dass ich kein Christ mehr sei.

Bei den respektlosen Äußerungen über mich wird oft deutlich, dass die Leute nicht den ganzen Beitrag gelesen haben. Sie haben nur auf eine Überschrift oder einen einleitenden Satz reagiert. Es handelt sich um eine Blitzreaktion, die leider allzu normal geworden ist. Es wird einfach schnell etwas gepostet, und so ist die Kommunikation anklagend, lieblos und verletzend – und der Inhalt selten hilfreich. Ich versuche mein Bestes, um die Dinge Gottes demütig zu begreifen. Ich glaube nicht, dass ich keine Korrektur nötig habe und weiß, dass ich noch Vieles lernen muss. Ich bin zutiefst davon überzeugt, dass der Leib Christi bei der Heiligung eine entscheidende Rolle spielt. Ich bin überzeugt, dass mein Glaube und die ihn beschreibende Theologie Gemeinschaftsprojekte sind. Ich betrachte liebevolle Korrektur als eine Gnade. Eine Kommunikation, die von Verachtung und Abscheu geprägt ist, hilft hingegen niemandem. Respektlose Reaktionen bewirken selten Gutes beim Empfänger. Ein solches reaktionäres Verhalten entehrt nicht nur den Empfänger, sondern auch Gott. Wie kann es einem nicht das Herz brechen, wenn man die hässlichen, abweisenden, respektlosen und anklagenden Antworten auf Beiträge weiser und gottesfürchtiger Männer und Frauen liest?

Die Plattform, die ich einmal als ein wunderbares, mächtiges Werkzeug zur Verbreitung des Evangeliums gesehen habe, ist jetzt eine Kloake – ein finsterer und missbräuchlicher Ort. Es gibt sogar einen neuen Begriff, um diese Dunkelheit zu beschreiben. Eine Person, die wohlwollende Menschen mit beleidigenden Antworten angreift, wird in den sozialen Medien als »Troll« bezeichnet. Leider gibt es da draußen eine ganze Menge Trolle. Diese reaktionäre Dunkelheit ist so groß, dass meine befreundeten Kollegen oft das Bedürfnis haben, eine Twitter-Pause einzulegen und eine Zeit lang diese Dunkelheit zu meiden. Reaktionen ohne Weisheit oder jene, die nicht von Liebe geprägt sind, bringen niemals etwas Gottgefälliges und Gutes hervor. Dasselbe gilt für Reaktionen ohne Respekt oder solche, die nicht durch eine ehrliche Selbstprüfung gemildert werden; Reaktionen, die eher verurteilend als korrigierend sind; Reaktionen, die von Stolz und nicht von Demut geprägt sind; Reaktionen, die mehr von Emotionen als von wohlüberlegtem Nachdenken angetrieben werden.

Leider ist diese Kultur, die von Reaktivität geprägt ist, auch nicht auf die sozialen Medien beschränkt. Betrachten wir einmal unsere aktuelle politische Kultur. Ich habe den Eindruck, dass die Tage des durchdachten, respektvollen zivilen Diskurses vorbei sind. Der kooperative, von Würde und Respekt getragene Geist, der für das Funktionieren von Politik und Regierung notwendig ist, scheint entweder tot zu sein oder in den letzten Zügen zu liegen. Politiker scheinen besser darin zu sein, einander zu beschimpfen, als sich auf eine würdevolle und produktive Debatte einzulassen. Es ist nicht einfach für die Volksvertreter, die Arbeit zu erledigen, die sie im Namen der Bürger tun sollten, während sich politische Parteien gegenseitig beschimpfen. Wenn es in der Politik und in der Regierungsarbeit auf den Charakter ankommt, dann sollte uns das Vorherrschen dieser hässlichen Kommunikation traurig und besorgt stimmen.

Was jedoch den Anstoß zum Schreiben dieses Buches gegeben hat, ist die Tatsache, dass es diese Kultur der Reaktivität auch in einem anderen wichtigen Bereich gibt. Traurigerweise hat diese destruktive und dysfunktionale Kommunikationskultur auch bereits die Kirche infiziert und beschmutzt. Als Jesus seine Jünger bei seinem Abschied liebevoll unterwies, um sie auf ein Leben im Glauben nach seiner Himmelfahrt vorzubereiten, sagte er: »Daran wird jedermann erkennen, dass ihr meine Jünger seid, wenn ihr Liebe untereinander habt« (Joh 13,35). Lass diese Worte auf dich wirken. Jesus sagt, dass das Kennzeichen eines Jüngers und das wichtigste Indiz dafür, dass du Gnade erfahren hast, gerettet und verwandelt wurdest, nicht deine theologische Kompetenz ist. Es ist auch nicht deine Schlagfertigkeit, deine Fähigkeit, einen Streit zu gewinnen, dein Erfolg im Dienst, die Zahl deiner Follower, deine Expertise, um viele Klicks zu bekommen, deine Fähigkeit, jemanden in die Schranken zu weisen oder deine kommunikative Stärke. Nein, es ist nur eines: Liebe.

Die Liebe zu anderen Menschen ist uns nicht in die Wiege gelegt. Aufgrund unserer sündigen Selbstzentriertheit ist demütige und menschenfreundliche Liebe, die Gott Ehre macht, immer das Ergebnis göttlichen Eingreifens. Wie Johannes sagt, sind wir nur deshalb überhaupt in der Lage, einander zu lieben, weil wir zuerst von Gott geliebt worden sind (vgl. 1 Joh 4,19). Er geht sogar so weit, zu sagen: »Ihr Lieben, lasst uns einander lieb haben; denn die Liebe ist von Gott, und wer liebt, der ist aus Gott geboren und kennt Gott. Wer nicht liebt, der kennt Gott nicht; denn Gott ist Liebe« (1 Joh 4,7–8).

Da Gott Liebe *ist*, sollte jeder, der Gott kennt und Gemeinschaft mit ihm hat, ein Leben führen, das von Liebe geprägt ist. Halte einen Moment inne, lege dieses Buch weg, hole deine Bibel und lies 1. Johannes 4. Das Argument, das Johannes hier als zentrale Motivation für jedes Gotteskind anführt, anderen mit Liebe zu begegnen, könnte nicht deutlicher sein. Besitzt du dieses zentrale Kennzeichen als Jünger? Ist alles, was du sagst, von Liebe geprägt? Ist jede deiner Reaktionen von ihr bestimmt? Ist dies deine hervorstechende Charaktereigenschaft? Machst du deinen Standpunkt deutlich, aber in Liebe? Oder reagierst du, ohne dir die nötige Zeit zu nehmen, es liebevoll zu tun? Bist du eher geneigt, eine schlagfertige Abfuhr zu erteilen als demütig, geduldig, sanft und liebevoll zu antworten? Viele von uns reagieren auf eine Art und Weise, die weit unter dem Standard liegt, der uns in 1. Johannes 4 gegeben wird.

Viele der boshaften Reaktionen auf X, die ich vorhin erwähnte, passierten leider unter Christen. Täglich lese ich Antworten von Christen auf Beiträge, die ohne Liebe sind: harte, verletzende, selbstverherrlichende Dolchstöße, die anderen versetzt werden, ohne Rücksicht darauf zu nehmen, ob sie dem Autor, dem Leser und dem Ruf des Volkes Gottes Schaden zufügen. Ich möchte aber noch einmal betonen, dass dieser Mangel an Liebe nicht nur in den sozialen Medien zu beobachten ist. Wir erleben ihn auch täglich in den Reaktionen im Leib Christi.

Ich betreue einige junge Männer, die im pastoralen Dienst stehen, und treffe mich regelmäßig mit ihnen. Das ist vermutlich die wichtigste Arbeit, die ich im Moment mache. Jedes Mal, wenn ich mich mit einem von ihnen treffe, fühle ich mich geehrt. Dass Gott mich für diesen Dienst gebrauchen möchte und dass ich diesen Männern überhaupt etwas zu bieten habe, spricht für die Macht von Gottes eingreifender und verwandelnder Gnade. In meinen Gesprächen mit diesen wunderbaren Männern habe ich zahlreiche Geschichten über die hässlichen und respektlosen Reaktionen gehört, die sie von Menschen erhalten haben, die sie lieben und denen sie dienen. Was mich am meisten schockiert, beunruhigt und traurig macht, ist jedoch, dass viele dieser lieblosen Reaktionen in Gestalt einer SMS erfolgten, die während der Predigt eines Pastors geschrieben wurde. Denk einmal darüber nach. Die Person war nicht einmal bereit, ihre Reaktion durch den Rest der Predigt abzumildern. Der Schreiber hat sich nicht die Zeit genommen, darüber nachzudenken, wie es für den Pastor sein würde, diese Textnachricht zu lesen, kurz nachdem er in der Predigt sein Herz ausgeschüttet hat.

Ein Pastor nach dem anderen hat mir von seiner Angst vor den E-Mails am Montagmorgen erzählt, in denen allzu oft seine Motive, seine Theologie oder sein Charakter infrage gestellt werden, weil er etwas in einer Predigt gesagt, eine Ankündigung gemacht, ein Gespräch im Flur geführt oder etwas anderes während oder nach dem Gottesdienst getan (oder nicht getan) hat. Ein Pastor sagte zu mir: »Der Montag ist der härteste Tag für mich, nicht nur, weil der Sonntag emotional und körperlich anstrengend ist, sondern wegen der E-Mails und SMS, die ich von den Menschen bekomme, die ich liebe und denen ich diene.« Immer, wenn ich einen Pastor so etwas sagen höre, höre ich im Hintergrund die Worte Jesu: »Daran wird jedermann erkennen, dass ihr meine Jünger seid.« Natürlich ist jeder Pastor ein Mensch, der selbst noch im Prozess der Heiligung steht und nicht perfekt ist. Natürlich wird jeder Pastor irgendwann einmal falsche Dinge sagen und tun. Natürlich hat jeder junge Pastor Bereiche in seinem

Herzen, seiner Kommunikation, seinem Charakter und seinem Verhalten, in denen er noch reifen muss. Und natürlich ist jeder Pastor ein Glied des Leibes Christi und braucht – wie jeder andere auch – den Dienst dieses Leibes, um zu wachsen. Trotzdem sollte es keine reaktionären, respektlosen, verurteilenden und verletzenden Reaktionen auf ihn und seinen Dienst geben.

Ich fürchte, diese destruktive Kultur ist auch in unseren Familien anzutreffen, wo unsere Reaktionen aufeinander oft mehr von aufgewühlten Emotionen als von demütiger, vergebender und geduldiger Liebe geprägt sind. Sogar hier sind Irritationen, Ärger, Verletzungen und Ungeduld weitaus häufiger der Auslöser für unsere Reaktionen aufeinander, als wir zugeben wollen. Seien wir ehrlich: Es ist nicht ungewöhnlich, dass die Kommunikation zwischen Eheleuten eher reaktiv als konstruktiv ist. Diesen Reaktionen mangelt es an biblischer Besonnenheit. Sie sind mehr von Emotionen als von Nachdenken geprägt. Das Gleiche gilt für den Bereich der Erziehung. Es ist so einfach, als Eltern emotional auf eine Art und Weise zu reagieren, die nicht förderlich ist und nicht den wichtigen Bemühungen um Herzensveränderung dient, die unsere Kinder brauchen.

Das ist das Anliegen dieses Buches. Reaktivität ist nicht neu. Man kann sie bis in den Garten Eden zurückverfolgen. Neu ist, dass diese Art zu reagieren immer normaler geworden ist. Ich fürchte, wir haben uns daran gewöhnt, was aus den sozialen Medien geworden ist. Wir haben verunglimpfende Bemerkungen in unserem politischen Diskurs oft passiv hingenommen. Pastoren haben sich an die Attacken gewöhnt, denen sie regelmäßig ausgesetzt sind, wenn Gemeindeglieder sie und ihren Dienst kommentieren. Wir wären beschämt, wenn viele unserer Gespräche als Familie in der Öffentlichkeit wiedergegeben werden würden. Wir können und *dürfen nicht* zulassen, dass eine Kultur der Reaktivität, die mehr Schaden anrichtet, als Gnade schenkt, zum Normalfall wird.

Ich brauche dich und du brauchst mich, aber wenn wir einander weiter bekämpfen, werden wir früher oder später aufhören, miteinander zu reden. Diese Entgleisung der Kommunikation und ihre Auswirkungen auf die Beziehungen, von denen die Bibel sagt, dass sie für Gottes fortwährendes Werk der Rettung und Verwandlung wesentlich sind, sind nicht in Ordnung.

Durch die Kraft von Gottes erstaunlicher Gnade ist Veränderung möglich. Ich möchte zunächst Dinge in unserem Umgang miteinander benennen, die wir nicht als normal ansehen dürfen. Im weiteren Verlauf des Buches möchte ich dann einen besseren Weg vorschlagen. Was ich empfehlen werde, ist nicht neu, denn es hat seine Wurzeln in der alten Weisheit des Wortes Gottes und in seinem zentralen Thema, dem Evangelium von Jesus Christus.

Nenne nicht normal, was Gott abnormal nennt

Gott hat deutlich gemacht, dass die Norm, an der sich seine Kinder ausrichten sollen, die Liebe ist. Daran sollte uns die Welt, die uns hört und sieht, erkennen. Wir sollten uns nicht nur durch die Reinheit unserer Lehre, sondern auch durch beständige Liebe auszeichnen. Diese Liebe ist das neue Gebot, das Jesus seinen Jüngern in den letzten Tagen seines Wirkens hinterlassen hat: »Ein neues Gebot gebe ich euch, dass ihr euch untereinander liebt, wie ich euch geliebt habe, damit auch ihr einander lieb habt« (Joh 13,34). Der Maßstab für unser Verhalten gegenüber anderen besteht nicht nur in einer Kultur der Nettigkeit oder in menschlicher Liebe. Der Maßstab ist nichts Geringeres als die großzügige, opferbereite, reine, vergebende und treue Liebe, die Gott in der Person seines Sohnes so gnädig über uns ausgegossen hat.

Ich spreche hier über mich selbst: Diese Liebe ist mir nicht angeboren. Wenn ich das leben möchte, was Gott als Norm für seine Kinder festgelegt hat, dann muss ich als Erstes bekennen, wie fremd mir diese Art von Liebe ist, und mich nach seiner rettenden und verwandelnden Gnade ausstrecken. Ich muss nicht in erster Linie von den Menschen um mich herum befreit werden, die nicht liebenswert sind, und stattdessen in eine Gemeinschaft von netteren Menschen versetzt werden. Nein, ich muss vor mir selbst gerettet werden, denn bis unser Herr wiederkommt, werde ich ein unvollkommener Mensch bleiben, der in einer gefallenen Welt mit lauter unvollkommenen Menschen lebt und zu ihnen in Beziehung steht. In der Welt, die ich hier beschreibe, ist das Leben in Übereinstimmung mit Gottes Norm immer nur durch das mächtige Wirken seiner Gnade möglich.

Weil Gott uns so klar dazu aufgerufen hat, einander zu lieben, und weil er versprochen hat, uns durch seine Gnade dazu zu befähigen, gibt es Dinge in unserem alltäglichen Umgang, die wir nicht als normal ansehen dürfen.

1. Die Normalisierung von emotional getriebenen Reaktionen

Als unvollkommene Menschen, die mitten im Prozess der Heiligung stehen, sind wir Emotionen ausgesetzt, die uns motivieren und antreiben. Manchmal sind es Verletzungen, manchmal Angst, manchmal Irritation, manchmal Wut. Wenn du dich von diesen Gefühlen leiten lässt, wirst du Dinge tun und sagen, die du nicht tun oder sagen solltest. Wenn du also so reagieren willst, wie Gott es von dir möchte, dann musst du lernen, Nein zu sagen. Damit meine ich nicht das Nein gegenüber anderen Menschen in Form einer Cancel Culture. Du sollst vielmehr Nein zu dir selbst sagen. Sage Nein zu dem, wohin der spontane Zorn dich führt, Nein zu dem, wohin die Angst dich führen könnte, und Nein zu dem Schmerz, der dich oft dazu bringt, andere zu verletzen. Wie schaffst du das? Gott wusste, dass dein Kampf mit deiner innewohnenden Sünde zwischen dem »schon jetzt« unserer Wiedergeburt und dem »noch nicht« unserer Vollendung so groß sein würde, dass er mehr tat, als dir nur Vergebung zu versprechen. Gott ist durch seinen Geist in dich hineingekommen. Der Geist, der in dir lebt, segnet dich mit der Kraft, Nein zu sagen, wohin dich rasende Emotionen führen könnten, und umzukehren und in eine andere, gemäßigtere und liebevollere Richtung zu gehen. Was für dich unmöglich wäre, wird durch die Gegenwart und die Kraft des Geistes möglich, und das ist wunderbar und ermutigend.

2. Die Normalisierung von wutgesteuerten Reaktionen

Obwohl ich oben bereits die Wut erwähnt habe, möchte ich noch einmal gesondert auf sie eingehen. Man muss kein besonders guter Beobachter sein, um festzustellen, dass wir in einer Wutkultur leben. Empörung jeder Art, die sich gegen andere richtet, die in irgendeiner Weise Anstoß erregt haben und nun dafür bezahlen sollen, begegnet uns tagtäglich. Das Ausmaß an reizbarer Intoleranz selbst gegenüber kleinen Schwächen, Fehlern oder Verfehlungen sollte uns alle beunruhigen. Wir sind sauer, und nun sollen das auch alle wissen. Sei sehr vorsichtig mit dem, was du postest oder sagst, denn es gibt viele wütende Leser und Zuhörer, die auf Rache aus sind.

Wenn ich über diesen ganzen Ärger und Zorn nachdenke, fallen mir immer wieder die Worte von Jakobus ein: »Ihr sollt wissen: Ein jeder Mensch sei schnell zum Hören, langsam zum Reden, langsam zum Zorn. Denn des Menschen Zorn tut nicht, was vor Gott recht ist« (Jak 1,19–20). Mögen wir als diejenigen bekannt sein, die bereit sind, zuzuhören, mit Bedacht reden und nicht zu zornigen Schnellschüssen neigen.

3. Die Normalisierung von respektlosen Reaktionen

Das Ausmaß an Gehässigkeit, Geringschätzung und regelrechter Verhöhnung, das auf X (und anderen Plattformen) innerhalb der christlichen Gemeinschaft herrscht, ist unglaublich und erschütternd. Theologisch korrekt zu sein, gibt einem nicht das Recht, gemein zu sein. Wenn man eine biblische Wahrheit verteidigt, ist es nicht in Ordnung, die Person, mit der man uneins ist, zu verspotten. Für seine Überzeugungen einzutreten, gibt einem nicht das Recht, das Denken und die Integrität der Person infrage zu stellen, die eine andere Position vertritt. Richtig verstandene und gelebte Theologie führt niemals zu Gemeinheit, Frauenfeindlichkeit, Respektlosigkeit, Spott oder Bosheit jeglicher Art. Sie bewirkt genau das Gegenteil.

Wir sollten auf Paulus hören, der sagt: Wenn die Wahrheit, die du glaubst und verstehst, keine Liebe hervorbringt, dann verstehst du sie vielleicht nicht wirklich. »Das Ziel der Unterweisung aber ist Liebe aus reinem Herzen und aus gutem Gewissen und aus ungeheucheltem Glauben. Davon sind einige abgeirrt und haben sich hingewandt zu unnützem Geschwätz, wollen das Gesetz lehren und verstehen selber nicht, was sie sagen oder was sie so fest behaupten« (1 Tim 1,5–7).

Das sind klare und aufrüttelnde Worte. Bitten wir um Gnade, sodass wir Wahrheit und Liebe immer zusammenhalten und niemals das eine um des anderen willen aufgeben.

4. Die Normalisierung von selbstgerechten Reaktionen
Demut verändert radikal die Art und Weise, wie du auf die Sünde, die Schwäche, das Versagen, die Unreife, den Irrtum oder den Widerstand anderer antwortest. Wenn du dir eingestehst, wie sehr auch du dich irren kannst, wie unbesonnen und hochmütig du sein kannst und wie schwer es dir fällt, geduldig zu sein, dann wirst du andere nicht so leicht attackieren. Und wenn du mehr weißt, tiefer verstehst und biblischer zu denken gelernt hast – dann nur durch das Eingreifen der göttlichen Gnade.

Demut macht es schwer, andere schnell zu kritisieren, sie abzulehnen oder zu verurteilen, weil man weiß, dass man selbst auch nicht anders ist. Es ist leicht, Menschen nach einem Gesetz zu beurteilen, von dem man überzeugt ist, dass man es selbst einhält. Es ist leicht, schnell verurteilend auf Unrecht zu reagieren, wenn man glaubt, fast immer im Recht zu sein. Es ist allzu leicht, andere als schwächer und minderwertig zu betrachten, wenn sie nicht nach dem eigenen Standard gelebt haben. Es ist leicht, sich zu weigern zuzuhören, wenn man von einer anderen Person denkt, sie habe einem selbst wenig zu bieten. Selbstgerechtigkeit macht die Welt zu einem toxischen und gefährlichen Ort, an dem Empörung und Verurteilung an der Tagesordnung sind, wo Ehrlichkeit gefährlich ist und man seine Meinung nicht ohne Konsequenzen äußern kann. Ein Geist der persönlichen Rechthaberei wird niemals geduldige, demütige und liebevolle Reaktionen auf andere hervorrufen. Die Wahrheit ist, dass niemand von uns etwas Wertvolles besitzt, das er nicht empfangen hat. Wenn wir es aber empfangen haben, sollten wir uns weder damit brüsten, es zu haben, noch denjenigen schlecht behandeln, der es nicht zu haben scheint (vgl. 1 Kor 4,7).

5. Die Normalisierung von rachsüchtigen Antworten

Ein kurzer Blick auf X zeigt, dass es nicht ungewöhnlich ist, auf Tweets nicht nur zurechtweisend oder konfrontativ zu reagieren, sondern das Gegenüber auch zu verletzen. Eine Person, die sich durch einen Post gekränkt fühlt, antwortet auf eine Weise, die darauf abzielt, im Gegenzug zu verletzen, die Reputation des anderen zu schädigen oder sogar seine Karriere zu beenden. Dabei müssen wir uns eines klarmachen: Rachsucht resultiert aus dem menschlichen Bestreben, Gottes Arbeit zu tun. Es gibt nur *einen* Richter der Herzen. Es gibt nur einen, der in der Lage ist, ein vollkommen heiliges und gerechtes Urteil zu fällen. Lies diese kraftvollen und praktischen Worte des Apostels Paulus in einem Abschnitt, der wie für die heutige Kultur der Reaktivität geschrieben scheint:

> **»Vergeltet niemandem Böses mit Bösem. Seid auf Gutes bedacht gegenüber jedermann. Ist's möglich, soviel an euch liegt, so habt mit allen Menschen Frieden. Rächt euch nicht selbst, meine Lieben, sondern gebt Raum dem Zorn Gottes; denn es steht geschrieben: ›Die Rache ist mein; ich will vergelten, spricht der Herr.‹ Vielmehr, ›wenn deinen Feind hungert, so gib ihm zu essen; dürstet ihn, so gib ihm zu trinken. Wenn du das tust, so wirst du feurige Kohlen auf sein Haupt sammeln‹. Lass dich nicht vom Bösen überwinden, sondern überwinde das Böse mit Gutem.«**
>
> **RÖM 12,17–21**

Es ist demütigend, zuzugeben, dass wir bisweilen immer noch versucht sind, das zu tun, wozu nur Gott in der Lage ist: gerecht zu richten. Wir bedürfen hier also stets der Ermahnung. Die Anweisungen des Paulus sind klar und könnten, wenn sie beherzigt würden, unsere Kultur der Reaktivität verändern. Vergelte niemals Böses mit Bösem. Überwinde Böses immer mit Gutem. Überlass die Rache dem Herrn. Wenn Paulus sagt: »Gebt Raum dem Zorn Gottes«, dann meint er damit: »Steh Gott nicht im Weg und lass ihn tun, was er allein zu tun vermag.« Menschlicher Zorn, der durch Rachsucht angestachelt und durch Selbstgerechtigkeit entfesselt wird, bringt niemals Gutes hervor. Das Böse als Antwort auf Böses vervielfacht das Böse nur. Nur das Gute als Antwort auf Böses wird gute Dinge hervorbringen.

6. Die Normalisierung des Individualismus

Respektlose, herablassende, rachsüchtige, spöttische, die Motive anderer beurteilende und verurteilende Reaktionen führen niemals zu einer gesunden, liebevollen, ehrlichen, versöhnten und geeinten Gemeinschaft, in der Bekenntnis, Reue und Vergebung gefördert werden. Genauso hat sich Gott unser Zusammenleben jedoch gedacht. Nach seinem weisen Plan ist es nicht gut für uns, allein zu sein. Wir werden mit dem Bedürfnis nach Beziehungen geboren. Unser Leben ist ein Gemeinschaftsprojekt. Deshalb müssen wir einander immer in dem demütigen Bewusstsein begegnen, dass wir einander brauchen. Das bedeutet, dass wir auf eine Weise reagieren müssen, die unsere Gemeinschaft stärkt, unsere Bindungen vertieft und eine offene, liebevolle Kommunikation fördert.

Wenn wir auf etwas, mit dem wir nicht einverstanden sind oder das uns in irgendeiner Weise gestört hat, sofort mit einer Attacke reagieren, dann läuft unser Individualismus Amok. Wir reagieren dann nach dem Motto: »Ich brauche dich nicht. Ich sage dir, was ich von dir halte, und es ist mir egal, was das für unsere Beziehung bedeutet. Du hast mich verletzt, also höre ich auf, mit dir zu sprechen.« Wenn du gläubig bist, ist das Leben, das Gott für dich geplant hat, gänzlich beziehungsorientiert. Deshalb hat Jesus dafür gebetet, dass wir eins sind, so wie die Dreieinigkeit eins ist. Deshalb sagt Paulus, dass wir alles uns Mögliche unternehmen sollen, um die Einheit des Leibes Christi zu bewahren. Darum werden wir angewiesen, einander zu vergeben, wie Gott uns vergeben hat. Aus diesem Grund sollen wir die Wahrheit sagen, aber in Liebe. Niemand von uns ist allein auf dieser Welt. Nach Gottes Plan sind wir in einer wechselseitig abhängigen Gemeinschaft verbunden. Wenn wir unser grundlegendes Beziehungskonstrukt verleugnen, kann die Kultur der Reaktivität unser Vertrauen ineinander und die Gemeinschaft der gegenseitigen Abhängigkeit, die für uns alle wesentlich ist, untergraben.

7. Die Normalisierung der Liebe zur Kontroverse

Es ist zu beachten, dass es einen wichtigen Unterschied zwischen der Liebe zu theologischer Reinheit und intellektueller Integrität und der Liebe zur Kontroverse gibt. Unsere von Reaktivität geprägte Kultur ist auf der Jagd nach Streitigkeiten. Sie wird angetrieben durch den Nervenkitzel der Jagd und den faszinierenden Moment, wenn du eine Wortwaffe ziehst, zielst und den verbalen Abzug betätigst. Es macht dir Spaß, zu beobachten, wie viele Kugeln nötig sind, bis der andere zu Boden geht. Die Liebe zur Kontroverse führt leider dazu, dass du dein Gegenüber nicht als Teil deiner Gemeinschaft, sondern als Beute betrachtest. Was dir Freude bereitet, ist nicht der mühsame Versuch, dieser Person in Liebe zu begegnen, sondern der Nervenkitzel, wieder ein Opfer erlegt zu haben.

Eine Liebe zur Wahrheit, die nicht zu einem von Liebe geprägten Leben führt, ist eine Liebe zu etwas anderem, welche sich nur als Liebe zur Wahrheit ausgibt. Eine Theologie, die nicht zu einem von Liebe gekennzeichneten Leben führt, ist schlechte Theologie. Wenn du auf deinen Einsichten in einer Weise beharrst, die den Kampf mehr liebt als die Sache, für die es sich zu kämpfen lohnt, gebrauchst du die Wahrheit nicht so, wie sie verwendet werden sollte. Natürlich werden wir uns immer wieder in Meinungsverschiedenheiten wiederfinden, doch es ist die Liebe zur Kontroverse, bei der nie etwas Gutes herauskommt.

8. Die Normalisierung der Aufspaltung in verschiedene Lager

Es ist immer einfacher, auf eine Gruppe zu reagieren, der man nicht angehört. Niemand hält bei einem Protest ein Schild hoch, auf dem steht: »Unser Lager ist das Problem.« Das Ziel unserer Kommunikation sollte nicht darin bestehen, die Macht unserer Gruppe zu erhalten, sondern eine gruppenübergreifende Kultur des Respekts, der Beziehung, der gegenseitigen Abhängigkeit und des Lernens zu schaffen. Gott wirkt in uns und durch uns etwas, das uns eigentlich fremd ist. Er arbeitet daran, die Schranken niederzureißen, die uns voneinander trennen. »Hier ist nicht Jude noch Grieche, hier ist nicht Sklave noch Freier, hier ist nicht Mann noch Frau; denn ihr seid allesamt einer in Christus Jesus« (Gal 3,28). Gott möchte nicht die von ihm geschaffenen ethnischen oder geschlechtsspezifischen Unterschiede zerstören, die ihn verherrlichen und das Werk fördern, das er in uns tut. Vielmehr arbeitet er daran, kraft seiner Gnade die Art und Weise zu ändern, wie wir über diese Unterschiede denken und auf sie reagieren. Der Schöpfer hat es so gewollt, dass wir nicht nur Menschen brauchen, die so sind wie wir, sondern auch Menschen, die anders sind als wir. Die Gemeinschaft, die Gott schaffen will, ist nicht in verschiedene Lager aufgeteilt, sondern eine universelle Gemeinschaft, die alle Gruppen in sich vereint.

Unsere Kultur der Reaktivität ist durch Parteiungen zerrissen. Die Botschaft, die wir vermitteln, lautet: »Ich respektiere dich nicht, weil ich deine Gruppe nicht respektiere. Daher werde ich mich dir gegenüber auf eine Art und Weise verhalten, wie ich mit niemandem in meinem Lager umgehen würde.« Das bedeutet, dass ich in einer Kultur des Gruppendenkens und -verhaltens lebe und niemals von den herausfordernden und gewinnbringenden Einsichten eines Angehörigen einer anderen sozialen Gruppe profitieren kann. Wir sind zu sehr gespalten – getrennt nach Herkunft, Politik, Theologie, Ethnie, Vermögen, Geschlecht, Alter und Gesellschaftsklasse. Wir bauen Mauern, keine Brücken. Wir schreien einander über die Mauer hinweg an, aber wir halten nicht inne, um zuzuhören, nachzudenken und zu lernen. Wir stellen uninformierte Annahmen auf, die potentielle Helfer zu Feinden machen, während wir glauben, wir wüssten es am besten und bräuchten »die anderen« nicht. Wir stellen uns sogar gegen unsere eigenen Leute, wenn sie versuchen, Brücken zu bauen, anstatt unsere Mauern zu verstärken. Gruppendenken führt zu endlosen Kämpfen und hinterlässt viele Opfer. Sie bringt aber niemals die Gemeinschaft hervor, die wir brauchen, um so zu werden, wie Gott uns gedacht hat, und um gemeinsam so zu leben, wie er uns geschaffen hat.

*

Als ich am Ende dieses Kapitels ankam, wurde ich selbst überführt. Von einer Sünde überführt zu werden, ist eine gute Sache. Man sollte nicht dagegen ankämpfen. Es bedeutet, dass Gott einem die Augen öffnet, um zu sehen, und das Herz öffnet, um zu empfangen. Es bedeutet, dass uns unser himmlischer Vater zu sich zieht und uns in seiner Nähe hält. Ich muss bekennen, dass die oben genannten Dinge, mich immer noch in Versuchung führen und leider allzu oft viel zu natürlich für mich sind. Ich bin sicher, dir geht es genauso. Ich wünschte, ich könnte sagen, dass alle meine schriftlichen und mündlichen Reaktionen anderen gegenüber geduldig, liebevoll, respektvoll und besonnen sind. Ich wünschte, ich könnte behaupten, dass ich immer die Wahrheit in Liebe sage. Ich wünschte, alle meine Reaktionen wären frei von zerstörerischem Zorn. Ich wünschte, ich hätte nie lieber recht als liebevoll zu reagieren. Ich wünschte, ich könnte sagen, dass nichts von dem, was ich in diesem Kapitel beschrieben habe, auf mich zutrifft – aber das kann ich nicht behaupten.

Ich schreibe als jemand, der auf die Gnade angewiesen ist und der dankbar dafür ist, dass Gottes Gnade nicht nur vergibt – sie befähigt auch. Und sie befähigt nicht nur – sie verwandelt auch. Diese kraftvolle Gnade ist die Hoffnung und das Fundament dieses Buches. Durch die Gnade sind wir nicht unseren antisozialen Instinkten, unserem spalterischen Stolz oder der Tatsache ausgeliefert, dass Rache für uns oft attraktiver ist als Vergebung. Wir sind nicht uns selbst überlassen. Die Gnade, die Gott uns anbietet, ist kein einmaliges Geschenk. Nein, er schenkt uns ständig und verschwenderisch Gnade um Gnade. Lasst uns gemeinsam bekennen, dass auch wir versucht sind, Teil dieser Kultur der Reaktivität zu sein. Lasst uns dabei zu dem Einzigen laufen, der uns helfen kann – denn er allein hat die Macht, die Gedanken, Wünsche, Motive und Entscheidungen unseres Herzens zu verändern.

2

Gesunde Kommunikation

Der Titel von Steve Allens Buch sagt alles: *Vulgarians at the Gate* (dt. »Vulgäre stehen vor der Tür«, Prometheus, 2001). Nachdem er Amerika jahrzehntelang im Fernsehen unterhalten hatte, war er jetzt, als älterer Mann, traurig über die Entgleisung des Mediums, dem er einen Großteil seiner Zeit und Energie gewidmet hatte. Sein Buch ist nicht der komödiantische Ritt, den man von Steve Allen erwarten würde, sondern eher eine beißende Kritik an einem vulgär gewordenen Medium. Sein Buch kam vor mehr als zwanzig Jahren auf den Markt! Was würde Steve Allen heute wohl über X, Facebook, Instagram oder TikTok schreiben?

Warum dominieren heutzutage in diesen genialen menschlichen Kommunikationsmitteln fast überall grobe, wütende, vulgäre, gemeine und rachsüchtige Posts? Warum zieht eine spöttische Antwort eine Menge Leute an, die bereit sind, mitzumachen? Warum scheinen wir eher jagdwütige Aggressoren zu sein als Gesprächsteilnehmer? Warum zieht uns die Kontroverse magnetisch an? Was ist aus erbaulichen Gesprächen geworden?

Eric Hoffer, ein amerikanischer Philosoph, schrieb über die Macht der Bosheit: »Es ist bemerkenswert, wie sehr eine Prise Bosheit die Durchschlagskraft einer Idee oder einer Meinung erhöht. Unsere Ohren, so scheint es, sind wunderbar auf Spott und böse Gerüchte über unsere Mitmenschen eingestellt.«[1] Mit diesen Worten bewies Hoffer, dass er ein besserer Theologe ist, als ihm vermutlich bewusst war.

Jesus sagte, dass wir als Sünder die Dunkelheit mehr lieben als das Licht. Solange die Sünde noch in uns lebt, werden wir vom Bösen angezogen. Es ist demütigend, das zuzugeben. Die Macht der Versuchung durch die Sünde besteht darin, dass sie an etwas andockt, das bereits in uns ist. So kann man Hoffers Beobachtung am besten biblisch einordnen. Es ist immer das Böse, das noch in uns ist, das uns mit dem Bösen außerhalb von uns in Verbindung bringt. Deshalb werden wir von dunklem und verletzendem Klatsch angezogen oder lachen über spöttische Worte, die uns eigentlich abstoßen sollten. Das ist der Grund, warum uns Bosheit nicht nur anzieht, sondern auch dazu bringt, an ihr teilzuhaben. Aus demselben Grund verbringen wir viel zu viel Zeit am Bildschirm damit, die neuesten Kontroversen zu verfolgen. All das würde nicht passieren, wenn es nicht unser begieriges Herz nähren würde.

1 Eric Hoffer, *The Passionate State of Mind, and Other Aphorisms*, New York: Harper, 1955, S. 167.

Was hat das nun mit guter Kommunikation zu tun? Kommen wir noch einmal auf Steve Allens *Vulgarians at the Gate* zurück. Allen hatte recht, aber er ging in seiner Analyse nicht tief genug. Es ist nicht nur so, dass wir in den populären und in den sozialen Medien Worte hören und lesen, die uns vor nicht allzu langer Zeit noch schockiert hätten, oder dass vulgäre und sexuelle Ausdrücke und der blasphemische Gebrauch des Gottesnamens zur Regel geworden sind. Vielmehr muss das, was hinter diesen Worten steckt, untersucht und verändert werden – und das kann nur durch Gnade geschehen. Warum jubeln wir über eine Herabsetzung, eine spöttische Stichelei oder eine verbale Gemeinheit? Wir haben ein Problem, aber dieses Problem liegt tiefer als nur im Sprachgebrauch.

Ich möchte im restlichen Teil dieses Kapitels einen Abschnitt aus dem Epheserbrief untersuchen, der aufzeigt, warum wir so miteinander umgehen, wie wir es tun. Dann zeigt er uns aber auch, wie ein viel besserer Weg aussieht und was diesen besseren Weg möglich macht. Dieser Abschnitt steht mitten in Paulus' ausführlicher Darstellung darüber, wie wir unsere alltäglichen Beziehungen im Licht des Evangeliums der Gnade Jesu Christi gestalten sollen: »Lasst kein faules Geschwätz aus eurem Mund gehen, sondern redet, was gut ist, was erbaut und was notwendig ist, damit es Gnade bringe denen, die es hören. Und betrübt nicht den Heiligen Geist Gottes, mit dem ihr versiegelt seid für den Tag der Erlösung« (Eph 4,29–30).

Zunächst einmal ist festzuhalten, dass es Paulus bei seiner Beschreibung einer erbaulichen (im Gegensatz zu einer faulen) Kommunikation nicht um einen bestimmten Wortschatz geht. Er definiert »faules« Geschwätz nicht anhand einer Liste verbotener Wörter. Das heißt nicht, dass es uns freisteht, sexuell explizite, verurteilende oder unhöfliche Begriffe zu verwenden, wann und wie wir wollen. Dieser Abschnitt zeigt uns hingegen, dass es nicht genügt, unheilvolles Gerede nur an bestimmten Wörtern festzumachen. Für Paulus ist »faules Geschwätz« in erster Linie eine Frage der Absicht des Herzens. Man kann eine Person auf grauenhafte Weise verhöhnen, ohne ein einziges böses Wort zu benutzen. Man kann etwas posten, um jemandem zu schaden, ohne bestimmte Schimpfwörter zu gebrauchen. Man kann sich bei jemandem rächen und gleichzeitig stolz darauf sein, dass man die Person nicht ausdrücklich angegriffen hat. Wenn wir als Familie Gottes jemals etwas gegen die Kultur der schädlichen Reaktivität unternehmen wollen, die nicht nur in der Gesellschaft, sondern auch unter uns Christen herrscht, dann dürfen wir uns nicht auf den Wortgebrauch beschränken. Wir müssen vielmehr die Gedanken, Wünsche und Absichten unseres Herzens anhand biblischer Weisheit beleuchten und überprüfen.

Obige Worte aus dem Epheserbrief treffen mich sofort, denn dieser unerfüllbaren hohen Norm werde ich an keinem Tag gerecht. Ich wünschte, ich könnte sagen, dass alles, was ich spreche oder schreibe, von den Absichten bestimmt ist, von denen Paulus hier schreibt. Ich wünschte, ich könnte sagen, dass ich so weit gereift bin, dass ich niemals im Widerspruch zu diesen schönen Worten reagiere, aber das ist nicht der Fall. Der scheinbar unerreichbare Maßstab einer guten Kommunikation in Epheser 4,29 erinnert mich stets an Jakobus 3:

> **»Nicht jeder von euch, meine Brüder, soll Lehrer werden; da wir doch wissen, dass wir ein desto strengeres Urteil empfangen werden. Denn wir verfehlen uns alle mannigfaltig. Wer sich aber im Wort nicht verfehlt, der ist ein vollkommener Mensch und kann auch den ganzen Leib im Zaum halten. Wenn wir den Pferden den Zaum ins Maul legen, damit sie uns gehorchen, so lenken wir ihren ganzen Leib. Siehe, auch die Schiffe, obwohl sie so groß sind und von starken Winden getrieben werden, werden sie doch gelenkt mit einem kleinen Ruder, wohin der will, der**

es führt. So ist auch die Zunge ein kleines Glied und rechnet sich große Dinge zu. Siehe, ein kleines Feuer, welch einen Wald zündet's an! Auch die Zunge ist ein Feuer. Eine Welt voll Ungerechtigkeit ist die Zunge unter unsern Gliedern: Sie befleckt den ganzen Leib und setzt das ganze Leben in Brand und ist selbst von der Hölle entzündet. Denn jede Art von Tieren und Vögeln und Schlangen und Seetieren wird gezähmt und ist gezähmt vom Menschen, aber die Zunge kann kein Mensch zähmen, das aufrührerische Übel, voll tödlichen Gifts. Mit ihr loben wir den Herrn und Vater, und mit ihr fluchen wir den Menschen, die nach dem Bilde Gottes gemacht sind. Aus einem Munde kommt Loben und Fluchen. Das soll nicht so sein, meine Brüder und Schwestern. Lässt auch die Quelle aus einem Loch Süßes und Bitteres fließen? Kann auch ein Feigenbaum Oliven oder ein Weinstock Feigen tragen? So kann auch eine salzige Quelle nicht süßes Wasser geben.«

JAK 3,1–12

Öffne dein Herz für die eindringliche Warnung in diesen Worten. Wie beschreibt Jakobus das Problem mit unserem Reden, unserer Zunge?

»Wer sich aber im Wort nicht verfehlt,
der ist ein vollkommener Mensch.«
»Die Zunge ist ein Feuer. Eine Welt voll Ungerechtigkeit.«
»Die Zunge kann kein Mensch zähmen.«
»Das aufrührerische Übel, voll tödlichen Gifts.«
»Mit ihr loben wir den Herrn und Vater, und mit ihr fluchen wir den Menschen, die nach dem Bilde Gottes gemacht sind.«

Das sind starke, überführende und erschütternde Worte, die uns vor Augen führen, dass das, worum es in diesem Buch geht, keine Kleinigkeit ist, mit der wir uns irgendwie abfinden müssen. Nein, wir haben es hier mit etwas zu tun, das Menschen, Beziehungen, Familien, Regierungen, Gemeinschaften, Schulen und die Kirche in Brand setzt. Wir müssen uns also fragen: »Wie zähmen wir das Unzähmbare?« Wie bändigen wir das, was Jakobus als »aufrührerisches Übel« bezeichnet? Welche Hoffnung auf Veränderung haben wir für unsere Kultur der Reaktivität? Lass dich von der Kraft der Worte in Jakobus 3 überführen, aber lass dich nicht entmutigen. Epheser 4,29–30 hat kraftvolle Antworten für uns: »Lasst kein faules Geschwätz aus eurem Mund gehen, sondern redet, was gut ist, was erbaut und was notwendig ist, damit es Gnade bringe denen, die es hören. Und betrübt nicht den Heiligen Geist Gottes, mit dem ihr versiegelt seid für den Tag der Erlösung« (Eph 4,29–30).

Ich möchte auf das zurückkommen, was ich zuvor über Paulus' Anwendung des Evangeliums auf unser Reden gesagt habe. Er konzentriert sich nicht nur auf unsere Worte, sondern auch auf unsere Herzen – auf die Absicht hinter unseren Handlungen und Reaktionen. Darauf müssen wir unsere Aufmerksamkeit richten. Jesus sagte, dass jedes Wort, das aus unserem Mund kommt, unserem Herzen entspringt (vgl. Lk 6,43–45). Deine Reaktionen spiegeln immer den Zustand deines Herzens wider. Wenn wir uns also vornehmen, auf gute Weise miteinander zu kommunizieren, dann verzichten wir nicht in erster Linie auf den Gebrauch bestimmter Wörter, sondern streben nach einer Veränderung unserer Gedanken, Wünsche, Absichten und Entscheidungen des Herzens. Paulus beschreibt drei Herzensentschlüsse, die die Grundlage einer guten Kommunikationskultur bilden.

Die andere Person im Blick haben

»Redet, was gut ist, was erbaut.« Hier wird die Aufforderung, unseren Nächsten wie uns selbst zu lieben, auf unsere Kommunikationskultur angewandt. Wir sollen stets liebevoll

reagieren. Ich poste nicht, weil es mich glücklich macht oder weil es einen philosophischen, theologischen, kulturellen oder gruppenspezifischen Wunsch in mir befriedigt. Unsere Kommunikation soll den anderen in den Mittelpunkt stellen. Meine Reaktion erfolgt nicht *meinetwillen*, sondern in liebevoller Absicht um *deinetwillen*. Ich möchte etwas Bestimmtes für dich – aber es geht nicht darum, dass ich dich einfach nur eines Besseren belehre, dich in die Schranken weise oder dich als das entlarve, was du bist. Auch geht es nicht darum, dass ich dich als Narren bloßstelle, dich als Angehörigen einer bestimmten Gruppe kennzeichne, dich lautstark verspotte, dass du bekommst, was du verdienst, dass du vom Sockel gestoßen wirst oder auf eine andere Weise Schaden nimmst. Nein, wozu mich diese Worte aufrufen, ist das Gegenteil von dem, was die Kultur der Reaktivität ausmacht und letztlich hervorbringt.

Stell dir vor, du würdest einmal innehalten und denjenigen, dem du gerade antworten willst, als *Person* betrachten, d. h. als ein Wesen, das nach dem Bilde Gottes geschaffen ist. Stell dir vor, du nimmst dir Zeit, um an andere in ihrer Welt zu denken, die ganz normale Verpflichtungen haben. Auch haben sie Menschen um sich, von denen sie geliebt werden und die sie lieben. Stell dir vor, du denkst darüber nach, unter welchen Lasten, Versuchungen und Nöten sie in dieser gefallenen Welt leiden. Stell dir vor, du würdest dir Zeit nehmen, um darüber nachzudenken, wie deine Worte auf sie wirken werden.

Stell dir nun vor, du würdest nicht nur deshalb antworten, weil dir das Wortgefecht gefällt, sondern weil du dir aus Liebe wünschst, dass die Person von dem, was du postest oder sagst, profitiert und aufgebaut wird. Stell dir vor, dir wäre diese Person so wichtig, dass du dir wünschst, dass sie etwas Neues lernt, mehr Selbsterkenntnis gewinnt, ein tieferes Vertrauen in Gott bekommt, in einer Weise aufgemuntert wird oder neuen Mut oder neue Motivation schöpft. Was wäre, wenn jeder deiner Antworten diese Art von Rücksichtnahme auf den anderen vorausginge? Was wäre, wenn du immer nur reden würdest, um andere aufzurichten? Wie anders würden deine Reaktionen ausfallen? Wie viele frühere Antworten müsstest du dann zurücknehmen?

»Redet, was gut ist, was erbaut«, bedeutet, dass die Kerneigenschaft einer guten Kommunikation die Liebe ist. Die Worte von Paulus sind ein Aufruf zu einer bewussten, entschiedenen Verpflichtung zu einer liebevollen Kommunikation – ganz gleich, wie falsch der andere deiner Meinung nach liegt, was du von seiner sozialen Gruppe hältst, wie sehr er dich verletzt oder wütend gemacht hat und wie hoch deiner Meinung nach der Einsatz ist. Wenn wir Liebe in unserer Kommunikation als entbehrlich betrachten, dann werden unsere Reaktionen unendlich viel Schmerz, Chaos, Spaltung und Schaden verursachen. Wenn du dich hingegen weigerst, lieblos auf andere zu reagieren und dir vornimmst, stets die Wahrheit in Liebe zu sagen, werden deine Worte und dein Tonfall ganz anders ausfallen. Die Dunkelheit, die in den sozialen Medien herrscht, ist nicht schwer zu verstehen: Sie entsteht durch den Mangel an Liebe. Die Menschheit, wie Gott sie geschaffen hat, kann ohne Liebe nicht funktionieren. Unsere Kommunikation kann ohne Liebe nicht gelingen. Ohne Liebe wird die Gesellschaft zu einem Schlachtfeld mit unzähligen Opfern.

Niemand von uns ist allein auf dieser Welt. Wir alle brauchen Menschen, die uns aufbauen. Wir alle brauchen Ermutigung, liebevolle Zurechtweisung, Einsicht und Neuanfänge. Wir alle müssen wissen, dass wir nicht allein sind. Wir alle brauchen Geduld, Gnade und Liebe. In dieser Hinsicht sind wir allesamt gleichermaßen bedürftig. Jeder von uns muss aufgerichtet werden, und jeder von uns ist aufgerufen, anderen diesen Dienst zu erweisen. Diese wechselseitige Gemeinschaft ist ein schönes Geschenk eines weisen und liebenden Gottes. Es scheint, dass wir dieses Geschenk abgewertet haben und es für wertvoller halten, im Recht zu sein, den Sieg davonzutragen und jemanden in seine Schranken zu weisen. Unsere Gesellschaft wird weiterhin Schaden nehmen und unsere digitalen Plattformen werden weiterhin dunkel und gefährlich sein, solange das Niederreißen attraktiver erscheint als das Aufbauen.

Die Gesprächssituation im Blick haben

»Was notwendig ist.« Bevor du reagierst, bedenke zunächst die konkrete Situation. Lies den gesamten Beitrag und die nachfolgenden Kommentare zuerst genau durch. Wenn du dich in einem persönlichen Gespräch befindest, dann achte auf die Umstände und den Ort des Gesprächs. Ich habe viele kritische und verärgerte X-Kommentare von Leuten erhalten, die offensichtlich nicht den ganzen Post gelesen hatten, denn sonst hätten sie wahrscheinlich anders reagiert. Lass dich nicht zu einer schnellen Reaktion auf den Titel eines Artikels hinreißen, den du nicht genau gelesen hast.

Bevor du reagierst, bedenke auch die aktuelle Situation in der Gesellschaft. Befinden wir uns gerade in einer Zeit der Verwirrung? Trauern die Menschen gerade, oder sind unterschiedliche Gruppen aufeinander wütend und bekämpfen sich? Haben viele Menschen momentan die Orientierung verloren, oder scheint gerade jeder auf eine bestimmte Welle aufzuspringen? Frag dich: »Warum habe ich das Bedürfnis zu reagieren? Was will ich mit meiner Antwort erreichen? Habe ich etwas beizutragen, das das Gespräch klären, voranbringen oder beruhigen würde? Ist mein Wunsch zu reagieren, aus Verletztheit und Wut geboren oder von liebevoller Sorge motiviert?«

Als Christ sollte ich auch über die Situation in der Kirche nachdenken. Handelt es sich um eine brisante Frage, die den Leib Christi spaltet? Wie stark wirkt sie sich auf den Alltag in meiner Ortsgemeinde aus? Ist das Evangelium bedroht? Wie wird Jesu Gemeinde gerade wahrgenommen, hinsichtlich ihrer Überzeugung zu diesem Thema und ihres Umgangs damit? Wie wirkt sich die aktuelle Diskussion und die Art und Weise, wie sie geführt wird, auf das Ansehen und den Dienst der Gemeinde aus? Wie sollte ich als Glied des Leibes Christi mit dem vorliegenden Thema umgehen? Warum fühle ich mich als Gläubiger verpflichtet, in die Diskussion einzusteigen? Sind meine Beiträge notwendig? Wird daraus etwas Gutes entstehen?

Epheser 4 erinnert uns daran, dass eine gute Kommunikation nur möglich ist, wenn die aktuelle Situation und der konkrete Anlass sorgfältig bedacht werden.

Das Ziel der Gnade im Blick haben

»*Damit es Gnade bringe denen, die es hören.*« Da ich in Kapitel 4 dieses Buches darlege, wie unsere Worte in der Gnade verwurzelt sein können, werde ich mich hier kurzfassen: Jede Reaktion muss von dem Bemühen geprägt sein, den richtigen Kommunikationsprozess zu wählen, und dieser richtige Prozess wird davon bestimmt, was du mit deinen Worten erreichen willst. Laut Paulus soll alles, was du sagst – egal wann, zu wem und zu welchem Thema –, die Gnade zum Ziel haben.

Wann immer ich darüber spreche, dass es unser Ziel sein muss, mit Gnade zu reagieren, werde ich missverstanden. Wenn manche das Wort *Gnade* hören, denken sie, ich meine damit, man solle nett, nachsichtig und passiv sein oder schwierigen Fragen ausweichen. Man muss jedoch wissen, dass die Gnade Gottes alles andere als passiv ist. Gnade nennt niemals Unrecht richtig. Wäre Unrecht richtig, bräuchte es nicht das rettende, eingreifende und verändernde Wirken der Gnade. Bei der Gnade geht es nicht darum, Unrecht zu ignorieren – sie ist eine radikal andere Art, mit Unrecht umzugehen. Eine gnädige Antwort erfordert das demütige Eingeständnis der eigenen Unfähigkeit, verbunden mit einem starken Vertrauen in die Macht Gottes.

*

Was genau bedeutet Epheser 4,29 also für unsere persönliche und digitale Kommunikation? Die Antwort finden wir in Jakobus 1,19–20: »Ihr sollt wissen: Ein jeder Mensch sei schnell zum Hören, langsam zum Reden, langsam zum Zorn. Denn des Menschen Zorn tut nicht, was vor Gott recht ist.« Dieser Vers enthält so viele Anweisungen zum Leben und zur Kommunikation, wie es dem Evangelium entspricht. Ich werde sie in späteren Kapiteln behandeln, aber hier möchte ich mich auf drei Dinge konzentrieren: »schnell zum Hören, langsam zum Reden und langsam zum Zorn.« Epheser 4,29 ruft uns dazu auf, zuerst zuzuhören, uns Zeit zu lassen, bevor wir sprechen, und niemals aus Zorn zu reden. Wenn wir uns alle vornehmen würden, unsere Kommunikation an diesen drei Richtlinien auszurichten, würden X, Facebook, Instagram und viele unserer persönlichen Beziehungen sofort anders aussehen. Die Giftmüllhalde gemeiner, spöttischer, respektloser, herablassender und rachsüchtiger Kommunikation wäre verschwunden, die Macht des Gruppendenkens wäre geschwächt und die Weisheit, die man nur gemeinsam erlangen kann, hätte Raum zum Wachsen.

Es gibt jedoch einen Haken an der Sache. Dazu müssen wir nämlich erst die rettende und befähigende Gnade empfangen.

Toxische Kommunikation ist ein Problem des Herzens, das nur durch erlösende Gnade behoben werden kann. Ich muss gestehen, dass ich lieber rede, als zuzuhören. Es kommt auch vor, dass meine Worte von Wut bestimmt sind. Hier ist die demütigende Tatsache, die wir alle bekennen müssen: Giftige Reaktionen werden nie von demjenigen verursacht, mit dem du sprichst. Sie gehen immer von einem selbst aus. Genauso wird erbauliches Reden nicht von deinem Gegenüber in Gang gesetzt. Es beginnt immer bei dir. Wie bei jedem anderen geistlichen Bedürfnis begegnet Gott unserem Reaktionsproblem mit vergebender, rettender und verwandelnder Gnade.

Wir haben ein Problem. Es schadet uns, unserer Einheit, unserer Fähigkeit, miteinander geistlich zu wachsen, und unserem Zeugnis. Unsere Hoffnung und Hilfe wartet jedoch nur darauf, in Anspruch genommen zu werden: die mächtige Gnade Jesu.

3

Sünde

Als mein junger Freund ankam und sich zum Essen hinsetzte, wusste ich sofort, dass er entmutigt war. Ich fragte ihn, wie es ihm gehe, und als Antwort gab er mir sein Handy. Darauf befand sich eine E-Mail, die er am Morgen erhalten hatte. Er ist einer der jungen Pastoren, mit denen ich mich regelmäßig treffe. Ich liebe diese Zeiten und diese Männer. Ich höre mir die Horrorgeschichten an, die sie in ihrem Dienst erleben, und versuche, sie mit dem Evangelium zu trösten und ihnen zu zeigen, wie sie auf die Dinge reagieren können, mit denen jeder Pastor konfrontiert ist. In den vergangenen Jahren habe ich jedoch allmählich den Eindruck gewonnen, dass derzeit noch etwas anderes im Gange ist. Pastoren werden in einer Weise angegriffen, wie es noch nie der Fall war. Nein, ich spreche nicht von Attacken, die man von einer gottlosen Gesellschaft erwarten würde. Ich spreche von Angriffen ausgerechnet von jenen Menschen, die sie lieben und denen sie dienen wollen. Ja, auch Pastoren vermasseln manchmal etwas, und es gibt unter ihnen solche, die niemals Pastoren sein sollten und die eine Spur der Verwüstung hinterlassen. Ich kenne Menschen, die viel Schmerz in ihrer Gemeinde erfahren haben und verletzt worden sind. Bei den Pastoren, mit denen ich mich treffe, handelt es sich aber um gottesfürchtige Männer, die – auch wenn sie unvollkommen sind und noch reifen – ihr Leben dem evangeliumszentrierten Hirtendienst gewidmet haben. Sie lieben Gott und die ihnen anvertrauten Menschen und kümmern sich aufrichtig um ihre Seelen.

Ich nahm sein Handy und begann zu lesen. Was für eine Nachricht, die er da am Montagmorgen erhalten hatte – nach einem langen und anstrengenden Sonntag des Dienstes in der Gemeinde und in persönlichen Gesprächen! Seine mittelgroße Gemeinde war einst ein Ort, an dem er mit Freuden diente. Es war eine unvollkommene und chaotische Gemeinde, aber sie war von Liebe geprägt. Er und seine Frau waren zugezogen und hatten hier zehn Jahre lang fruchtbare Arbeit geleistet. Er hätte sich nie vorstellen können, diese Gemeinde zu verlassen oder einmal darüber nachzudenken, den pastoralen Dienst ganz an den Nagel zu hängen. Die Worte, die ich las, waren weder liebevoll noch dankbar oder respektvoll. Sie waren im Zorn geschrieben und mit Urteilen über seinen Charakter und seine Motive gespickt. Das Ehepaar, das die E-Mail gemeinsam verfasst hatte, erklärte, sie könnten meinen Freund nicht länger als Pastor akzeptieren und würden nicht länger Glieder dieser Gemeinde sein. Sie baten nicht um einen Termin für ein Gespräch, um ihre Bedenken mitzuteilen. Die E-Mail war keine Einladung zu einem Gespräch, sondern eine anklagende Bombe – von Menschen, mit denen er den Alltag teilte, die er liebte und denen er diente. Es war nicht das erste Mal, dass ihm so etwas passierte, und es würde auch nicht das letzte Mal gewesen sein.

Es war nicht seine Theologie, seine Predigten, seine Seelsorge oder gar seine Persönlichkeit, die sie nicht leiden konnten. Es ging stattdessen um seine vermeintliche politische Einstellung. Nichts an seinen Predigten war politisch, im eigentlichen Sinne des Wortes. Sie waren vielmehr vom Evangelium durchdrungen. Er ging für gewöhnlich einfach einen Abschnitt von Gottes Wort nach dem anderen durch. Sie aber meinten, er habe den Glauben aufgegeben, weil er über Gerechtigkeit sprach, wenn dieses Thema im Text vorkam, den er auslegte. Sie dachten, er sei politisch nicht so konservativ, wie ein wahrer Christ es ihrer Ansicht nach sein sollte. Als Reaktion auf etwas, das er am Morgen gesagt hatte und das sie verärgerte, schickten sie ihm am Sonntagabend diese E-Mail, in der sie sich von der Gemeinde verabschiedeten. Am nächsten Morgen wachte er mit dieser niederschmetternden Nachricht auf – abgeschickt von Menschen, die er liebte. Er versuchte, sich nicht den ganzen Vormittag im Gift zu suhlen, und kam dann zum Mittagessen zu mir. So etwas habe ich nicht zum ersten Mal erlebt, und es wird sicherlich auch nicht das letzte Mal sein.

Wir haben uns weit von einer gesunden Kommunikation entfernt, bei der man erwarten kann, dass andere aufmerksam zuhören, sich Zeit zum Nachdenken nehmen und mit Verständnis, Respekt und Gnade antworten. Deshalb werde ich mich in den nächsten fünf Kapiteln der biblischen Weltanschauung widmen, die der Aufforderung zu einer gesunden Kommunikation zugrunde liegt – sei es von Angesicht zu Angesicht oder von Bildschirm zu Bildschirm. Dabei werden wir fünf biblische Themen untersuchen, die Grundlage einer Gesprächskultur sind, wie sie der Apostel Paulus in Epheser 4 beschreibt. Ich bin zutiefst davon überzeugt, dass diese biblischen Themen, wenn man sie ernst nähme, der toxischen Kommunikationskultur ein Ende bereiten würden. Die fünf Themen sind *Sünde, Gnade, Identität, Herrlichkeit* und *Ewigkeit*.

Jedes von ihnen hat die Kraft, uns zu entlarven, zu überführen, wiederherzustellen und zu verwandeln.

*

Die Tatsache, dass unsere schädliche Kultur der Reaktivität eine Folge der Sünde ist, liegt zwar auf der Hand, muss aber dennoch erwähnt werden. Wir müssen darüber hinaus auch sehen, wie sehr uns diese Perspektive demütigt und hilfreiche Einsichten schenkt. Wenn du bereit bist, anzuerkennen, dass es so etwas wie Sünde gibt, kannst du das tiefste und praktischste Verständnis menschlicher Funktionsstörungen gewinnen, das dir möglich ist. Von der ersten bis zur letzten Seite entfaltet die Bibel ausführlich, was Sünde ist und was sie anrichtet. Dies beginnt mit dem ersten Bericht nach der Schöpfungsgeschichte. Ich übertreibe nicht, wenn ich sage, dass wir nur die traurigen historischen Geschichten in 1. Mose 3 und 4 sorgfältig studieren müssen, um das Wesen und die Folgen der Sünde lebendig vor Augen gemalt zu bekommen.

Sünde ist egozentrisch

Gott hatte Adam und Eva liebevoll gestaltet, sie miteinander beschenkt und in einen wunderschönen Garten gesetzt, in dem sie alles vorfanden, was sie brauchten. Er setzte ihnen schützende Grenzen und segnete sie mit seiner Gegenwart und Liebe. Es war wirklich ein Leben im Paradies. Gerade deshalb ist die Selbstbezogenheit von Adam und Eva so schockierend und auffallend. Warum übertraten sie Gottes Grenzen und aßen das Verbotene? Die Antwort ist *Egoismus*. Es war nicht der Hunger, der sie dazu brachte. Nein, ihre Beweggründe werden in der Erzählung deutlich: Sie aßen, weil sie dachten, die Frucht könnte sie weise machen und sie würden dann wie Gott sein. Bedenke, dass sie eigentlich keine Weisheit brauchten, denn sie standen in Beziehung mit der ultimativen Quelle aller Weisheit. Was sie anzog, war eine unabhängige Weisheit, die nicht mit der Unterordnung vor Gott verbunden war. Sie sehnten sich nach der Autonomie und Selbstgenügsamkeit, die nur Gott hat. Sie wollten im Zentrum ihrer eigenen Welt stehen und frei sein, so zu denken und zu leben, wie sie es wollten. Mit diesem schrecklich egozentrischen, selbstverherrlichenden Akt traten sie aus Gottes liebenden Grenzen heraus, und das Paradies war verloren.

Im Kern geht es bei der Sünde darum, für sich selbst zu leben. Die Sünde wird von dem angetrieben, was wir wollen, wann wir es wollen, wie wir es wollen und wo wir es wollen. Sie kennt keinen höheren Wert als meine Wünsche, meine Bedürfnisse und meine Gefühle. Sünde ist ihrem Wesen nach antiautoritär und unsozial. Im Grunde kümmert sie sich nicht darum, wer das Sagen hat und ob andere betroffen sind. Die Sünde reduziert meinen Lebensbereich auf meine eigenen Wünsche. Ich stehe im Mittelpunkt, ich habe die Kontrolle, und ich schreibe meine eigenen Regeln.

Die destruktive Kultur der Reaktivität ist eine Kultur der Selbstzentriertheit. Sie wird nicht von der Liebe zu anderen bestimmt. Auch wird sie nicht von der Liebe zur Wahrheit angetrieben. Sie rebelliert gegen höhere Autoritäten. Sie ist nicht an gesunder Gemeinschaft und erbaulicher Kommunikation interessiert, sondern behauptet, dass ich ein Recht auf meine Meinung habe und dass ich sie auch genau so äußern darf, wie ich es möchte. Ich habe das Recht, dich zurechtzuweisen, dich niederzumachen und deine Gruppe zu diskreditieren, ganz gleich, welche Konsequenzen das hat. Es ist mir egal, wer du bist, was du erreicht hast oder in welcher Lage du dich gerade befindest. Ich werde Worte hinter meinem Bildschirm abfeuern, wie ich es will, und niemand wird mir das Recht dazu nehmen. Reaktivität bedeutet, dass sich Redner oder Autoren in eine gottähnliche Position begeben und reagieren, wie sie es möchten. Ihre einzige Loyalität gilt ihnen selbst. Auf dem Boden dieser Selbstbezogenheit gedeihen Respektlosigkeit, Spott, Frauenfeindlichkeit, Bosheit, Rache und Ablehnung.

Wo die Selbstbezogenheit der Sünde Wurzeln schlägt und gedeiht, dort stirbt jegliche konstruktive Kommunikation, die Erkenntnis fördert, Beziehungen baut, Einheit stiftet und Veränderung bewirkt. In unseren Reaktionen bieten wir uns nicht gegenseitig Nährstoffe an, durch die wir wachsen können. Stattdessen beschießen wir uns gegenseitig mit verbalen Geschossen, die uns verletzen und jede Hoffnung darauf im Keim ersticken, dass wir unsere Gedanken in ein rücksichtsvolles Umfeld einbringen können.

Es ist nicht schwer, die Wurzeln des Problems unserer Reaktivität zu identifizieren. Die Frage ist nur: Sind wir dazu bereit, die Selbstbezogenheit der Sünde demütig zu bekennen, die uns immer noch verführt und unsere Gespräche in eine Richtung lenkt, die unser Schöpfer nie gewollt hat?

Sünde rebelliert gegen Autorität

Wir müssen uns klarmachen, dass die Entscheidung von Adam und Eva, von der verbotenen Frucht zu essen, kein Verstoß gegen irgendeine abstrakte Regel war. Nein, was sie taten, war eine direkte Rebellion gegen die Autorität Gottes. Ihr Ungehorsam war persönlicher Natur und richtete sich vertikal nach oben. Sie unterwarfen sich nicht länger der göttlichen Autorität und wurden zu ihrer eigenen Autorität. Ein richtig gelebtes menschliches Leben ist immer geprägt von einer freiwilligen Unterordnung unter Gottes Autorität sowie unter die menschlichen Autoritäten, die er als seine Vertretung eingesetzt hat. Gesunde und fruchtbare menschliche Kommunikation ist das Ergebnis der Unterordnung unter eine höhere Autorität als die eigene. Gute Kommunikation folgt immer Regeln, die man nicht selbst aufgestellt hat. Eine Kommunikation, die keinen Schaden verursacht und stets gute Früchte hervorbringt, hat als oberste Priorität die Liebe zu Gott und zum Nächsten.

Die destruktive Kultur der Reaktivität unterwirft sich keiner Autorität außer der Autorität des Selbst. Sie erkennt keine anderen Kommunikationsregeln an als jene, die der Sprecher oder Autor für sich selbst aufstellt. Reaktivität nimmt sich keine Zeit, um über Ge- und Verbote bei der Kommunikation nachzudenken. Eine von Reaktivität geprägte Kultur hat kein Interesse am Wohl der Allgemeinheit. Sie nimmt sich nicht die nötige Zeit, um auf nicht verletzende Weise zu kommunizieren. Sie ist mehr von der Aufmerksamkeit, die sie erregt, motiviert als von echter Liebe für den Empfänger. Diese Kultur brüstet sich eher damit, den anderen fertig zu machen, als ihm mit Geduld, Vergebung und Liebe zu begegnen. Reaktivität tritt laut und aggressiv auf, anstatt freundlich, maßvoll, bedacht und zum Nachdenken anregend zu antworten. Ihr geht es nur darum, dass man das Recht hat, zu sprechen, und nicht darum, wie man am besten spricht. Wie Adam und Eva lehnt auch die destruktive Kultur der Reaktivität in ihrem Kern Gottes Autorität ab und bestreitet die Notwendigkeit einer liebevollen Gemeinschaft, die Gott für ein gutes menschliches Zusammenleben geschaffen hat. Die Frage ist: Wollen wir uns als eigene Autorität aufspielen und unsere Worte nach eigenem Gutdünken für Zwecke einsetzen, die nur uns selbst dienen?

Sünde möchte unabhängig sein

Unser weiser und liebevoller Schöpfer hat uns nicht dazu bestimmt, allein zu leben. Wir wurden geschaffen, um in einer lebendigen Beziehung mit Gott und miteinander zu leben. Diese Gemeinschaft ist ein wesentlicher Bestandteil unserer geistlichen Gesundheit und eines guten Lebens. Unabhängigkeit ist hingegen eine verführerische Illusion, die niemals zu etwas Gutem führt. Wir sehen das bereits daran, wohin das Streben nach Unabhängigkeit Adam und Eva brachte. Die Religion des Alten und Neuen Testaments basiert auf Beziehungen. Gott, der selbst eine Gemeinschaft ist, hat die Menschen nach seinem Ebenbild geschaffen, um in Gemeinschaft mit ihm und miteinander zu leben. Gesunde, wechselseitig liebevolle und einander dienende Beziehungen sind kein Luxus, sondern eine Notwendigkeit für uns Menschen. Ein Mensch zu sein heißt, ein soziales Wesen zu sein. Daher verleugnet ein isoliertes, selbstgenügsames und unabhängiges Leben nicht nur mein geistliches Wohlergehen, sondern auch mein Menschsein.

Deshalb ist das unsoziale Verhalten in den sozialen Medien so schädlich und alarmierend. Die einflussreiche Online-Kultur verneint den Plan des Schöpfers und kann daher letztlich nicht funktionieren. Sie kann nicht konstruktiv sein, sondern nur destruktiv. Sie verleugnet die gegenseitige Liebe und die gegenseitige Abhängigkeit, woraus ein gesundes Leben erwächst. Hasserfüllte, vernichtende Kommentare werden niemals von Leuten gepostet, die nach dauerhaften Beziehungen und gegenseitiger Erbauung streben. Dieser Kultur der Reaktivität ist es wichtiger, einen Treffer zu landen, als die Person, die den Treffer einsteckt. Die Jagd nach dem nächsten guten Schlag ist jedoch nie das Ziel von »Liebe deinen Nächsten wie dich selbst«. Die Person, die Freude daran findet, einen anderen Menschen fertig zu machen, hat ungefähr so viel Interesse an liebevollen Beziehungen wie der Jäger an der Ente, die er jagt. Das ist eine traurige Dekonstruktion des Lebens, wie es der Schöpfer gewollt hat: ich in Beziehung zu dir, gemeinsam in Beziehung zu Gott. Eine Gemeinschaft.

Sünde entwertet Beziehungen zum Zweck der Selbstverherrlichung. Sie schadet unseren Beziehungen immer auf irgendeine Weise. Sieh dir an, was die Sünde aus der Beziehung von Adam und Eva machte. Denk an die schrecklichen Früchte der Sünde bei ihren Söhnen Kain und Abel. Stell dir vor, ich bin wütend auf dich, weil du etwas gesagt hast, und komme dir in meinem Zorn so nahe, dass du meinen Atem spüren kannst, während ich hetzerische, anklagende und verletzende Dinge über dich sage. Was denkst du in diesem Moment? Ich bezweifle, dass du denkst: »Paul liebt mich sehr. Das ist so hilfreich. Ich lerne so viel. Ich wünschte, er würde das öfter tun.« Nein, du bist am Boden zerstört. Du willst nur noch weg und meiner Attacke entkommen. Wenn ich dir so gegenüberstehe, baue ich keine Beziehung zu dir auf, sondern schade unserer Beziehung. Du hörst mir nicht zu. Du lernst nicht von mir. Du empfindest mir gegenüber keine Dankbarkeit. Du hast keine Lust, dich weiter mit mir zu beschäftigen. Es entsteht nichts Konstruktives. Keiner von uns beiden wurde durch die Begegnung ermutigt. Warum sollten wir glauben, eine Person am Bildschirm oder durch einen Post in den sozialen Medien niederzumachen, wäre etwas anderes?

Wenn das Ziel der christlichen Religion die Liebe aus reinem Herzen ist, dann ist ein Großteil des Christentums in den sozialen Medien eine falsche Religion. Sie mag theologisch bewandert und biblisch belesen sein, aber sie ist die Religion der Pharisäer. Es handelt sich dabei um eine Kultur des Stolzes, der Selbstgerechtigkeit und der Gesetzlichkeit. Sie bürdet den Menschen Lasten auf, anstatt ihnen zu helfen, ihre Lasten zu tragen. Sie ist anklagend und verurteilend, nicht liebevoll und vergebend. Sie macht sich über jene lustig, die anders denken oder theologisch nicht fundiert sind. Sie sucht nach Gründen, andere zu verurteilen und findet Freude an respektlosen, gemeinen Angriffen. Ihr fehlen die freundlichen Worte aus einem sanften Herzen. Sie gibt vor, die Wahrheit zu lieben, ist aber in Wirklichkeit von Selbstliebe motiviert. Sie ist besessen von ihrer eigenen Stimme, während sie selten richtig zuhört.

Eine christliche Medienkultur, die in der Regel nicht die Frucht des Geistes erkennen lässt, ist in Wirklichkeit Pharisäertum, d. h. das Reich des Selbst, das sich als Reich Gottes ausgibt. Auf seinem Weg zum Kreuz richtete Jesus die schärfsten Worte an diejenigen, die eine solche Kultur propagierten (vgl. Mt 23). Demütigende, erlösende, vergebende und verwandelnde Gnade bringt kein unabhängiges, beziehungsschädigendes, stolzes und respektloses Gift hervor. Sie erzeugt das Gegenteil.

Ich glaube nicht, dass ich besonders naiv bin, aber ich bin regelmäßig schockiert über die Art und Weise, wie Christen online miteinander kommunizieren. Ich bin immer wieder bestürzt über die respektlosen Reaktionen, denen geistliche Leiter ausgesetzt sind. Ich will damit nicht sagen, dass wir unseren Leitern niemals Fragen stellen, sie in ein respektvolles Gespräch verwickeln oder sogar mit ihnen streiten sollten. Aber wenn ich lese: »Hör einfach auf zu twittern«, »Halt die Klappe«, »Geh zurück in die Küche und back etwas«, oder »Wie kann man nur so dumm sein?«, dann bin ich tief betrübt über die Kirche Jesu Christi und den Zustand ihrer Gesprächskultur. Wir sind dazu geschaffen, in einer liebevollen Gemeinschaft miteinander zu leben, in der wir Gott und seine Wahrheit in Einheit miteinander kennenlernen. Alles, was dieser Gemeinschaft schadet, schadet auch uns, hemmt unser geistliches Wachstum und entfernt uns von dem Leben, das uns Jesus durch seinen Tod ermöglichen wollte.

Als ich über die unabhängige, beziehungsabwertende christliche Kultur in den sozialen Medien nachdachte, die dort im Moment herrscht, fielen mir die Worte des Paulus am Ende von Epheser 3 ein. Diese Aussage ist der Schlussstein seiner Erörterung über die Theologie der Gnade Jesu Christi: »Dass Christus durch den Glauben in euren Herzen wohne. Und ihr seid in der Liebe eingewurzelt und gegründet, damit ihr *mit allen Heiligen* begreifen könnt, welches die Breite und die Länge und die Höhe und die Tiefe ist, auch die Liebe Christi erkennen könnt, die alle Erkenntnis übertrifft, damit ihr erfüllt werdet, bis ihr die ganze Fülle Gottes erlangt habt« (Eph 3,17–19). Paulus will damit sagen, dass die Hermeneutik des Evangeliums ein Gemeinschaftsprojekt ist. Wir werden das erlösende Ausmaß der Liebe Gottes nur dann ganz begreifen, wenn wir uns um diese Erkenntnis zusammen mit anderen Gläubigen bemühen. Die Theologie des Evangeliums wird niemals autark entwickelt. Der Versuch, zu einem praktischen, transformierenden Verständnis des Evangeliums zu gelangen, ist ein Gemeinschaftsprojekt. Das Evangelium wird nur im Kontext demütiger, nahbarer und wechselseitig abhängiger Beziehungen zu anderen Gläubigen vollständig erkannt. Jedes Verhalten, das diesen Beziehungen schadet, beeinträchtigt unser Potential, die Wahrheiten, die so dringend erkannt werden müssen, vollständig zu verstehen.

Charismatische Gläubige brauchen das Gespräch mit reformierten Gläubigen und umgekehrt. Baptisten und Mennoniten müssen in der Lage sein, respektvoll miteinander zu reden und einander demütig zuzuhören. Politisch konservative Gläubige müssen mit denen reden, die nicht so konservativ sind. Leiter müssen mit denen sprechen, die keine Leiter sind. Junge und alte Gläubige müssen in der Lage sein, miteinander zu kommunizieren. Gläubige mit verschiedenen Hautfarben müssen miteinander über das Evangelium reden. Unsere Kommunikation muss über die Grenzen von Alter, Geschlecht, Ethnie, Politik und

Denomination hinweg erfolgen. Wir sind keine Ansammlung von Individuen. Wir sind auch keine Ansammlung sozialer Gruppen, sondern wir sind eins in Christus. Jede Reaktion, die die Einheit dieser Gemeinschaft nicht wertschätzt, behindert das Streben danach, dass das Evangelium verstandesmäßig erkannt wird, im Herzen angenommen wird und in unserem Leben Frucht bringt. Destruktive Reaktivität ist der Feind des wahren Christentums, denn sie beschädigt die Gemeinschaft, die echten Christen am Herzen liegt.

Die Abkehr von einem stolzen, unabhängigen und unsozialen Christentum, dem es wichtiger ist, zu gewinnen, als zu lieben, muss mit der Bereitschaft eines jeden von uns beginnen, zu bekennen und zu bereuen, wenn wir uns an dieser Kultur beteiligt haben, die sich so weit vom Plan Gottes entfernt hat. Es gibt einen besseren Weg, und die Gnade macht ihn möglich.

Sünde ist rachsüchtig

Meinungsverschiedenheiten sind eine Sache, aber den anderen zu verabscheuen und ihm Schaden zufügen zu wollen, das ist eine ganz andere Sache. Die Saat der Rache ging sehr schnell auf, nachdem im Garten Eden die Sünde in die Welt gekommen war. Es begann damit, dass Adam und Eva jemand anderem die Schuld zuschoben. Die Sünde macht es viel einfacher, auf die Sünde, die Schwäche, das Versagen, die Unzulänglichkeit, die Heuchelei, den logischen Irrtum, die Unreife und die Voreingenommenheit anderer hinzuweisen, als unsere eigene zu erkennen und zu bekennen. Die Sünde führt dazu, uns selbst für viel gerechter zu halten, als wir es tatsächlich sind, und andere für viel ungerechter, als sie es in Wirklichkeit sind. Wir nehmen gewissermaßen ein Mikroskop zur Hand, um jedes winzige Detail der Texte von jemandem zu untersuchen, der nicht zu unserem Lager gehört, während wir den Texten Gleichgesinnter nur selten die gleiche Aufmerksamkeit schenken. Wir sind allzu schnell dabei, Schuld zuzuweisen. Wir sind allzu schnell dabei, den Charakter und die Motive hinter den Worten einer Person zu hinterfragen, die diese irgendwo gepostet hat. Das ist überaus selbstgerecht und zerstörerisch für die Gemeinschaft, das Gespräch, die Mission und den Ruf des Volkes Gottes.

Die passive Art der Rache, den anderen zu beschuldigen, geht jedoch oft in eine aktivere Rache über, ihm Schaden zuzufügen. Wir lesen das in 1. Mose 4 in der Geschichte des schrecklichen Geschwistermordes. Wir sehen es aber auch in den sozialen Medien, wobei uns dieses Verhalten dort nicht immer so schrecklich vorkommt. Manche Posts sind eine Einladung zu einem Gespräch, andere eine Herausforderung zu einer Debatte, wieder andere stellen die Stichhaltigkeit einer Aussage oder die Qualifikationen der Person infrage, die den Beitrag geschrieben hat. Es gibt aber auch Posts, die darauf abzielen, die Reputation einer Person zu schädigen, ihre Stimme zum Schweigen zu bringen oder ihre Leser zu veranlassen, ebenfalls den Kontakt abzubrechen. Es ist der Versuch, das zu tun, wozu allein Gott weise und heilig genug ist (vgl. Röm 12,17–21). Ich finde die Warnungen in 3. Mose 19,17–18 sowohl ernüchternd als auch hilfreich: »Du sollst deinen Bruder nicht hassen in deinem Herzen, sondern du sollst deinen Nächsten zurechtweisen, damit du nicht seinetwegen Schuld auf dich lädst. Du sollst dich nicht rächen noch Zorn bewahren gegen die Kinder deines Volks. Du sollst deinen Nächsten lieben wie dich selbst; ich bin der HERR.« Jemandem zu grollen, unvernünftig zu reagieren und Rache zu üben – das ist die Frucht des Hasses in deinem Herzen. Diese Pille mag schwer zu schlucken sein, aber ich möchte dich bitten, dein Herz für diese Wahrheit demütig zu öffnen. Könnte es sein, dass die Heftigkeit und der Charakter deiner Reaktionen in den sozialen Medien nicht von der Liebe zur Wahrheit oder dem Wunsch, Falsches aufzudecken, sondern vom Hass in deinem Herzen angetrieben werden? Hasserfüllter Groll gegen eine Person oder gegen die Gruppe, der sie angehört, wird niemals eine vernünftige Reaktion bewirken. Nein, er wird immer dazu führen, dass du gegen deinen Nächsten sündigst, passiv oder aktiv. Wer seinen Nächsten liebt wie sich selbst, wird niemals respektlosen Spott, Verunglimpfungen des Charakters einer Person, Strohmann-Beschuldigungen oder irgendeine andere Form verbaler Gemeinheiten hervorbringen. Wenn wir unser Verhalten anhand von 3. Mose 19,17–18 prüfen, müssen wir zugeben, dass sich hinter unserem öffentlichen Christentum eine Menge an privatem Hass zu verbergen scheint.

Wir haben nicht nur ein Wahrheitsproblem, sondern auch ein massives Liebesproblem, das sich jeden Tag auf den Kommunikationsplattformen abspielt, die wir alle nutzen. Liebe liest und hört aufmerksam zu und unterstellt den Worten des Autors oder Sprechers die besten Absichten. Hass hingegen spricht laut, ohne sorgfältig zu lesen oder zuzuhören, und unterstellt den Worten des Autors die schlechtesten Absichten. Die Sünde verwandelt jene, die dazu bestimmt sind, in liebevollen Gemeinschaften zu leben, in Feinde. Diese schädigen die Gesundheit eben jener Gemeinschaften, die vom Schöpfer dazu gedacht sind, ihr Wohlergehen und Wachstum zu fördern. Wenn du dich zu einer Reaktion genötigt fühlst, dann frage dich, was dich dazu motiviert.

Sünde ist unser aller Problem

Auch wenn es klar zu sein scheint, dürfen wir nicht vergessen, dass die Sünde diesseits der Ewigkeit immer noch ein Problem ist, das wir alle haben. Ja, die Macht der Sünde wurde durch das Leben, den Tod und die Auferstehung Jesu gebrochen, aber die

Sünde ist immer noch da. Wir werden einst den endgültigen Tod der Sünde erleben, aber wir sind noch nicht so weit. Deshalb sind wir alle anfällig für die Verlockungen der Sünde. Wir sind dazu fähig, Hass in unserem Herzen zu tragen. Wir neigen dazu, Rache mehr zu lieben als Barmherzigkeit. Wir sind zu schockierender Selbstherrlichkeit und Selbstgerechtigkeit imstande. Auch neigen wir viel eher dazu, jemand anderem Schuld zuzuweisen, als die eigene Schuld zu bekennen. Wir alle bedürfen also der Gnade der Rettung – nicht zuerst der Rettung von anderen, sondern von uns selbst. Wir müssen mit David um ein reines Herz und einen neuen Geist beten (vgl. Ps 51). Und wir müssen in der Zuversicht leben, dass Gott, wenn wir um Hilfe schreien, uns gern hört und antwortet und uns mit einer Gnade beschenkt, die der Aufgabe mehr als gewachsen ist. Seine Gnade garantiert uns eine Zukunft, in der wir von diesem Gift befreit sein werden, aber sie verspricht uns auch einen Neuanfang hier und jetzt.

4

Gnade

Vor einigen Jahren hatte ich ein einschneidendes Erlebnis, das mich und mein weiteres Leben veränderte. Mit dankbarem Herzen habe ich diesen Moment immer wieder durchlebt und mich gefragt, wer ich wohl wäre, wo ich wäre und was ich ohne diese gnädige Unterbrechung jetzt tun würde. Ich war stolz und unreif, und ich hatte viele Dinge falsch gemacht. Die daraus resultierenden kritischen Angriffe und die Infragestellung meines Charakters und meiner Qualifikationen hatten mich zerschlagen, verletzt, entmutigt und in die Defensive getrieben. Ich wollte nur noch weglaufen, und ich hatte dafür auch schon ganz konkrete Pläne. Doch ein zutiefst liebender Gott stellte mir einen liebevollen Mann in den Weg, der mein depressives Selbstgespräch mit Worten der Gnade stoppte. Ich war im Unrecht. Zurechtweisende Worte wären zwar angebracht gewesen, aber sie hätten mich nicht gerettet. Ich hätte sie nur als weitere verbale Schläge empfunden.

Was mein Herz zum Schmelzen brachte und mein Leben veränderte, war Gnade – durch geduldige Worte der Vergebung und Liebe.

An diesem Tag wurde ich mit einer Wahrheit konfrontiert, über die zu schreiben und zu sprechen mein Lebensinhalt geworden ist: *Gott macht seine unsichtbare Gnade sichtbar, indem er Menschen der Gnade aussendet, um Menschen, die Gnade brauchen, Gnade zu schenken*. Die Gnade ist die mächtigste Kraft der Welt, die Veränderung bewirken kann. Sie hat die Macht, aus einem Lügner einen Menschen zu machen, der die Wahrheit sagt. Sie kann die Stolzen in Demütige verwandeln. Sie macht aus Ketzern Bibelgelehrte. Sie macht selbstsüchtige Menschen liebevoll und materialistische Menschen großzügig. Sie verwandelt rebellische Männer und Frauen in solche, die bereitwillig und treu gehorchen. Sie macht blinde Augen sehend und geistlich taube Ohren hörend. Sie heilt zerrüttete Beziehungen und bringt Liebe dorthin, wo einst Hass war. Sie allein hat die Macht, geistlich Tote wieder zum Leben zu erwecken. Sie bewirkt, dass ruhmsüchtige Menschen zur Ehre eines anderen leben. Sie macht bequeme Menschen bereit, sich für andere aufzuopfern. Sie schenkt Mut, wo einst Furcht war, Hoffnung, wo Verzweiflung herrschte, und Frieden, wo einmal Krieg tobte. Sie verwandelt Götzendienst in Anbetung und besiegt das eigene Herz wie nichts anderes. Die unberechenbare, verwandelnde Kraft der Gnade sollte niemals gering geschätzt oder angezweifelt werden.

Wenn ich täglich meinen X-Feed durchschaue, frage ich mich, ob wir das Vertrauen in die Gnade, die immer noch im Zentrum unserer Theologie steht, verloren haben. Es scheint, als setzten wir unsere Hoffnung auf ein anderes Instrumentarium. Wenn du versuchst, etwas in deinem Haus zu reparieren, und nach einiger Zeit das benutzte Werkzeug fallen lässt und ein anderes zur Hand nimmst, dann tust du das, weil du glaubst, dass du deine Arbeit mit dem ersten Werkzeug nicht bewältigen kannst. In der Social-Media-Welt geht es häufig recht gnadenlos zu. Dabei denke ich oft an die Worte in 2. Korinther 10, wo der Apostel Paulus erklärt, dass die Waffen unseres Kampfes nicht fleischlich sind. In den sozialen Medien kämpfen wir jedoch mit weltlichen Waffen. Auch wenn es um andere Themen geht, unterscheidet sich die destruktive Kommunikation in den christlichen sozialen Medien oft nicht wesentlich von ihrem säkularen Gegenstück. Vielleicht offenbart unsere Bereitschaft, weltliche Waffen einzusetzen, einen praktischen Mangel an Vertrauen in die rettende und verändernde Kraft der Gnade Gottes. Im Leben neigen wir alle dazu, zu dem Werkzeug zu greifen, von dem wir glauben, dass es funktioniert.

Es sollte uns auffallen, dass die Bibel nicht sagt, dass der Zorn Gottes die Menschen zur Buße führt. Ungeachtet der ungeheuren Härte des gerechten Zornes Gottes gegen die Sünde ist es vielmehr seine Güte, die uns dazu bringt, zu hören, zu glauben, zu bekennen und umzukehren (vgl. Röm 2,4). Gnade triumphiert über Gericht. Wenn ich beobachte, wie wir miteinander streiten, über Themen debattieren und auf Bedenken reagieren, frage ich mich, ob wir nicht gerade jene Theologie vergessen haben, die wir meinen zu verteidigen. Wenn wir den praktischen Glauben an die Macht der verändernden Gnade aufgeben, geben wir der giftigen Sünde Raum, die immer noch in unserem Herzen wohnt und unsere Reaktionen auf andere Menschen bestimmt: Boshaftigkeit ersetzt Freundlichkeit, Härte ersetzt Sanftmut, Spott ersetzt Respekt, Rache ersetzt Barmherzigkeit, Hass ersetzt Liebe, Ablehnung ersetzt Vergebung, Kämpfen ersetzt Friedenstiften, Gruppendenken ersetzt das Streben nach Einheit, Verteidigungshaltung ersetzt demütige Zugänglichkeit, und unkontrollierter Hass ersetzt geduldige Liebe.

In diesem Kapitel möchte ich dazu aufrufen, uns wieder auf einen Lebensstil der Gnade einzulassen – egal wann, wo, wobei und gegenüber wem. Gnade ist mehr als ein Mittel, um eine Beziehung zu Gott und die Verheißung auf eine Ewigkeit mit ihm zu erlangen. Gnade lädt uns auch ein, ganz anders zu leben. Gnade heißt uns willkommen, unsere Grenzen demütig einzugestehen und demütig auf Gottes Ruf zu antworten. Die Theologie der Gnade, die sich durch die ganze Heilige Schrift zieht, ist zutiefst demütigend. Sie verlangt von mir, dass ich zugebe, nicht zu der tiefgehendsten, notwendigsten Art von Veränderung fähig zu sein. Nein, ich bin ein Mensch, der göttlicher Rettung bedarf. Sie verlangt auch von mir, zuzugeben, dass ich nicht die Macht habe, eine andere Person zu ändern. Wenn ich in der Lage wäre, sie kraft meines Zorns, meiner Logik oder durch Schuld, Scham oder Angst grundlegend zu verändern, dann wären das Leben, der Tod und die Auferstehung Jesu nicht notwendig gewesen. Herzensveränderung ist immer ein Akt der Gnade Gottes.

Ja, Gott benutzt Werkzeuge. Deshalb glauben wir an die Verkündigung des Evangeliums, an biblische Nachfolge, an das Aufzeigen von Sünde, an die Verteidigung der biblischen Wahrheit, an ehrliche Diskussionen und Debatten sowie an Lehre, Predigt und Seelsorge. Aber die entscheidende Frage, die wir uns immer stellen müssen, lautet: »Was tut Gott in diesem Augenblick und wie kann ich daran teilhaben?« Es geht nicht darum, was mich wütend gemacht hat, was ich von der anderen Person halte, was ich mir von diesem Moment erhoffe, was ich von dieser anderen Gruppe halte oder wie ich gesehen werden möchte. Ich stehe nie im Mittelpunkt, sondern Gott. Nicht mein Wille steht an erster Stelle, sondern Gottes Wille. Meine Hoffnungen und Träume sind nie der bestimmende Faktor, sondern Gottes Plan, seine Absicht und sein Ruf. In einer Kultur der Gnade geht es darum, zu erkennen, dass Gott seinen Plan ausführt, dass er hier und jetzt tut, was ich niemals tun könnte, und dass er mich beruft, daran teilzuhaben. Durch die Theologie der Gnade Gottes sind meine Reaktionen immer auf ein höheres, größeres Ziel ausgerichtet als nur auf mich. Wenn ich meine Worte diesem höheren Ziel unterordne, werde ich von der toxischen Kultur der Reaktivität befreit, die für uns selbst und die Gemeinschaft so zerstörerisch ist.

Gottes Weg der Gnade

Die Bibel ist voll von Aufforderungen, uns für einen Lebensstil der Gnade zu entscheiden: »Vergebt einer dem andern, wie auch Gott euch vergeben hat« (Eph 4,32); »Ein neues Gebot gebe ich euch, dass ihr euch untereinander liebt, wie ich euch geliebt habe« (Joh 13,34); »Seid barmherzig, wie auch euer Vater barmherzig ist« (Lk 6,36). Daher müssen wir darüber nachdenken, wie dieser Lebensstil der Gnade aussieht und wie er die Art und Weise unseres Umgangs miteinander prägt. Es gibt keine bessere Beschreibung dieses Verhaltens als Galater 5. Paulus stellt hier diesen Lebenswandel, der nur durch die herzensverändernde Gnade des Heiligen Geistes möglich ist, dem zerstörerischen Sündengift gegenüber. »Offenkundig sind aber die Werke des Fleisches, als da sind: Unzucht, Unreinheit, Ausschweifung, Götzendienst, Zauberei, Feindschaft, Hader, Eifersucht, Zorn, Zank, Zwietracht, Spaltungen, Neid, Saufen, Fressen und dergleichen« (Gal 5,19–21). Paulus stellt Feindschaft, Streit, Eifersucht, Zorn, Rivalität, Zwietracht und Neid in eine Reihe mit sexueller Unmoral und Zauberei als unfruchtbare Werke der Finsternis. Es ist eine ernüchternde Erkenntnis, dass wir zwar die sexuelle Unmoral in unserer Gesellschaft anprangern, aber in den sozialen Medien viele Dinge auch bei Christen akzeptieren, die die Bibel als »Werke des Fleisches« bezeichnet. Diese, so Paulus, sind der Kultur des Reiches Gottes fremd. Sie sollten also die Art und Weise, wie wir aufeinander reagieren, nicht bestimmen – egal, um welches Thema oder um welche Person es geht.

In den nachfolgenden Versen wird uns Gottes Weg der Gnade aufgezeigt: »Die Frucht aber des Geistes ist Liebe, Freude, Friede, Geduld, Freundlichkeit, Güte, Treue, Sanftmut, Keuschheit« (Gal 5,22–23). Ich nenne diese Aufzählung »Gottes Weg der Gnade«, weil diese Charaktereigenschaften nur durch göttliche Gnade lebbar sind. Ich bin nicht in der Lage, aus mir einen Menschen zu machen, wie er hier beschrieben wird. Deshalb bezeichnen wir diese Liste von Charaktereigenschaften oft als »Frucht des Geistes«.

Diese Eigenschaften sind jedoch auch Gottes Mittel, um seine Gnade durch mich anderen zukommen zu lassen. Stell dir vor, alles – von unseren Reaktionen in den sozialen Medien bis hin zu unserem privaten Umgang miteinander – wäre von dieser herrlichen Kultur der Gnade geprägt. Stell dir vor, jeder Post wäre von Liebe gekennzeichnet. Stell dir vor, jede Reaktion wäre davon bestimmt, Frieden und Eintracht zu erhalten. Stell dir vor, immer freundlich zu reagieren. Stell dir vor, dass jede Interaktion einem sanften und selbstbeherrschten Herzen entspringt. Stell dir vor, dass Geduld dich davor bewahrt, vorschnell zu reagieren. Stell dir vor, du entscheidest dich, nur noch aufbauende Worte zu benutzen, die dem Guten dienen. Stell dir vor, du hättest dich so sehr einem Lebensstil der Gnade verschrieben, dass nichts und niemand dich davon abbringen könnte. Das alles sind schöne Charaktereigenschaften, und sie machen uns Hoffnung, dass es in den christlichen sozialen Medien und durch die Christen in der Gesellschaft wieder schön werden könnte. Ich meine damit nicht, dass wir kompromissbereit oder schwach sein sollten – vielmehr sollten wir uns durch einen schönen Geist und einen attraktiven Lebensstil auszeichnen. Wenn wir uns vom Heiligen Geist beständig verwandeln lassen und sein Ziel zu unserem Ziel machen, wird es keine rachsüchtigen Reaktionen mehr geben. Auch keine spöttischen Reaktionen, keine Rufmorde, keine Respektlosigkeit, keine Ablehnung, keine Gemeinheiten und kein toxisches

Gruppendenken, wodurch die sozialen Medien zu einem Ort der Finsternis geworden sind.

In ihrem Kern ist die Kultur der Gnade eine christusähnliche Kultur. Wenn die Bibel dich zur Christusähnlichkeit aufruft, dann meint sie damit nicht in erster Linie die Begebenheit, bei der Jesus die Tische im Tempel umwirft. Sie ruft dich nicht dazu auf, eine Peitsche zu schwingen. Nein, sie fordert dich vielmehr dazu auf, dein Kreuz auf dich zu nehmen und dir selbst zu sterben. Wenn deine Reaktionen eher in die Richtung »Tische umwerfen« gehen, dann fürchte ich, dass du den Plan der Gnade Gottes und deine Rolle darin missverstanden hast. Die Beschreibung Jesu im ersten Kapitel des Johannesevangeliums bewegt mich zutiefst, wobei mich vorrangig folgende Worte trösten und zugleich verurteilen: »Und das Wort ward Fleisch und wohnte unter uns, und wir sahen seine Herrlichkeit, eine Herrlichkeit als des eingeborenen Sohnes vom Vater, voller Gnade und Wahrheit« (Joh 1,14). Die letzten vier Wörter, mit denen Johannes den menschgewordenen Gottessohn charakterisiert, sollten uns innehalten lassen, uns zum Nachdenken bringen und in unserem Herzen nachklingen: »voller Gnade und Wahrheit«. Jesus steht im Mittelpunkt des Evangeliums, das uns am Herzen liegt. Er ist derjenige, dem wir durch die Kraft der Gnade nacheifern sollen. Er ist derjenige, der Herr in unserem Herzen sein muss. Die Unterwerfung unter Jesus sollte alles prägen, was wir tun und sagen. Die unvergleichliche Kraft und Schönheit des Christentums in einer von der Sünde verdunkelten Welt wird durch diese vier Wörter ausgedrückt. Wenn wir es mit der Nachfolge Jesu ernst meinen, dann sind sie unsere Botschaft und das Banner, das wir tragen. Sie prägen unseren Charakter. Dabei sollten wir unbedingt beachten, dass Jesus nicht nur voller Wahrheit war. Wenn das alles wäre, was ihn erfüllte, hätten wir keine Hoffnung. Es gäbe keine Erlösung, keine Rettung, keine Vergebung und keinen Neubeginn. Es gäbe nur eine für uns unerreichbare Norm und ein Urteil, das zu heilig wäre, als dass wir es ertragen könnten.

Johannes stellt uns Jesus als jemanden vor, der nicht nur von Wahrheit, sondern auch von Gnade erfüllt ist. Es ist die Kombination von Wahrheit und Gnade, die unsere Hoffnung für dieses und das kommende Leben ist. Wenn der Messias seine Wahrheit gegen die Gnade eintauschen würde, gäbe es keine Hoffnung, Gottes gerechte Anforderungen zu erfüllen. Würde er seine Gnade für die Wahrheit hingeben, gäbe es kein barmherziges Opfer für die Sünde. Im konsequenten Weltbild des Evangeliums werden Wahrheit und Gnade niemals voneinander getrennt, wobei das eine niemals höher bewertet wird als das andere und keines von beiden jemals aufgegeben wird. Wenn du Wahrheit ohne Gnade aussprichst, dann hast du der »Wahrheit«, die du zu verkünden meinst, Gewalt angetan. Wenn du mit der Gnade auf eine Weise umgehst, die die Wahrheit vergisst, dann ist die »Gnade«, die du anbietest, keine echte Gnade.

Wenn du dir vornimmst, Christus ähnlich zu werden, kannst du die Wahrheit nicht dazu benutzen, um andere zu beschämen, zu verspotten, abzulehnen, selbstgerecht zu verurteilen oder zu missachten. Wenn Wahrheit missbraucht wird, um anderen zu schaden, hört sie auf, Wahrheit zu sein, weil sie durch andere Emotionen und Absichten verbogen und verdreht wird. Ja, wir sind aufgerufen, die Wahrheit zu lieben und zu verteidigen, aber niemals ohne Gnade. Viele Reaktionen, die ich in den sozialen Medien lese, vermissen die Gnade. Immer wieder stelle ich fest, dass die Wahrheit in ihrer herrlichen, lebensspendenden Reinheit in all dem Gift untergeht. Was dort geäußert wird, ist weder weise noch erhellend, befreiend, korrigierend oder lebensspendend. Ich vergleiche es mit dem Versuch, den komplizierten Mechanismus einer Uhr mit einem Hammer herzustellen. Was gebaut werden soll, wird dabei zerstört, weil das falsche Werkzeug benutzt wird. Wenn eine Abrissbirne vor einem reparaturbedürftigen Haus steht, dann ist klar, dass dieses Haus nicht restauriert, sondern abgerissen wird. Wenn auf die Sünde, Schwäche, Unreife,

Unzulänglichkeit, das Versagen und das Unrecht anderer ähnlich destruktiv reagiert wird, ist das niemals aufbauend. Wenn wir Christus ähnlich sind, werden wir die Wahrheit niemals auf eine Art und Weise benutzen, die Schaden anrichtet. Ja, es gibt Lügenfestungen, die niedergerissen werden müssen – aber immer mit der Bereitschaft, an ihrer Stelle ein schönes Wahrheitsgebäude zu errichten. Es mag aufregend sein, zu beobachten, wie ein Gebäude mit Vorschlaghämmern eingerissen wird, aber kein Mensch würde in einem Haus leben wollen, das nur mit solchen Werkzeugen gebaut wurde.

Es braucht Gnade, die nötige Geduld aufzubringen, um den Gegner vollständig zu verstehen. Es braucht Gnade, ihm ruhig und weise zu antworten. Es braucht Gnade, liebevoll auf persönliche Angriffe zu reagieren. Es braucht Gnade, so zu handeln, dass deine Emotionen und Vorurteile dir nicht in die Quere kommen. Es braucht Gnade, demütig ansprechbar zu sein. Es braucht Gnade, die Wahrheit in Liebe zu sagen. Es braucht Gnade, die christliche Gemeinschaft nicht im Namen der Wahrheit aufs Spiel zu setzen. Es braucht Gnade, Gott zu vertrauen, dass er das tut, was man selbst für andere Menschen nicht zu erreichen vermag. Es braucht Gnade, um die Wahrheit mit Demut und in Liebe zu vertreten. Gottgefällige Reaktionen sind stets von Gnade durchdrungen.

Wir sollten nun aber nicht missverstehen, was es bedeutet, mit Gnade zu reagieren. Im Folgenden einige Anregungen zum Nachdenken.

Gnade nennt niemals Unrecht richtig.
Gnade ist vielmehr eine Art, auf Unrecht zu reagieren.
Ich sage oft, dass unsere Reaktionen immer mit Gnade gewürzt sein müssen. Viele Menschen denken deshalb, dass ich damit meine, nett und passiv zu sein oder die Dinge einfach auf sich

beruhen zu lassen. Gnade ignoriert niemals Unrecht. Gnade nennt Unrecht niemals richtig. Gnade ist niemals passiv gegenüber dem Bösen. Wenn Unrecht richtig wäre, gäbe es keinen Grund für Gnade. Gottes Anerkennung der Sünde und sein Hass auf sie verlangen, dass man sich mit der Sünde auseinandersetzt, aber seine Gnade verlangt, dass man ihr mit Barmherzigkeit und nicht mit Gericht begegnet. Gnade geht immer mit dem Wunsch auf andere zu, zu helfen und zu entlasten. Gnade ist liebevoll, hoffnungsvoll, geduldig und vergebend. Aus diesem Geist heraus reagiert Gnade auf Unrecht.

Gnade ersetzt Verurteilung durch Gemeinschaft.
Jesus ist nicht gekommen, um uns zu verurteilen, sondern um uns zu helfen, in lebendiger Gemeinschaft mit ihm und miteinander zu leben. Durch sein Leben, seinen Tod und seine Auferstehung sind wir mit Gott versöhnt, und diese Versöhnung befähigt uns, auch untereinander versöhnt zu sein. Am Ende seines Lebens betete Jesus, dass wir eins sein mögen, wie er eins ist mit dem Vater. Gott, der in sich Gemeinschaft ist, hat uns seine Gnade geschenkt, damit wir in einer so reichen Gemeinschaft miteinander leben können, wie sie nur mit ihm vergleichbar ist. Epheser 4 ruft uns dazu auf, alles zu tun, um die Einheit dieser Gemeinschaft zu bewahren. Ob in den sozialen Medien oder in einer persönlicheren Interaktion – unsere Worte müssen immer von diesem Engagement für die Gemeinschaft geprägt sein. Wir dürfen niemals so reagieren, dass wir die Gemeinschaft, für die Jesus gelitten hat und gestorben ist, spalten, beschädigen, schwächen oder zerstören. Auch müssen wir erkennen, dass Gottes weiser Plan für unsere individuelle geistliche Gesundheit immer ein Gemeinschaftsprojekt ist und bleiben wird.

Gnade ist demütig.
Es ist Gnade, die dich davon abhält, dich von deiner eigenen Erkenntnis beeindrucken zu lassen. Sie bewahrt dich davor, stolz auf

die Größe deiner Plattform zu sein. Sie befreit dich davon, Lorbeeren für etwas zu ernten, das du allein nie hättest erreichen können. Sie ermöglicht es dir, denjenigen zuzuhören, die nicht das erreicht haben, was du geschafft hast. Sie bedeutet, dass du nicht mit dem Anspruch eines Königs auftrittst, sondern mit der Demut eines Dieners sprichst. Gnade bewahrt dich vor selbstherrlicher Kommunikation. Sie hält dich davon ab, andere als minderwertig anzusehen und sie entsprechend zu behandeln. Sie bewahrt dich davor, die Wahrheit zu benutzen, um anderen zu beweisen, wie klug du bist.

Gnade ist geprägt von Mitgefühl und Verständnis.
In Hebräer 4,14–16 wird Jesus als mitfühlender und verständnisvoller Hoherpriester dargestellt, der mit unseren Schwachheiten mitlitt. Deshalb können wir uns in allen Nöten vertrauensvoll an ihn wenden, weil wir wissen, dass wir von ihm zur rechten Zeit Barmherzigkeit empfangen. Gnade ist niemals kalt und gefühllos. Gnade erachtet Menschen immer für wichtiger als Dinge. Gnade ist fürsorglich, fördernd und verständnisvoll. Denk einmal kurz über die Kultur der sozialen Medien nach und wie sehr es dort an Mitgefühl mangelt. Ein Post nach dem anderen sagt im Grunde: »Es ist mir egal, wer du bist, was du durchmachst oder wie meine Worte auf dich wirken werden. Ich werde trotzdem so reagieren, wie ich will.« Wenn wir Christus ähnlich werden wollen, sollten die Interaktionen von Christen in den sozialen Medien ein Leuchtfeuer mitfühlender und verständnisvoller Kommunikation sein, die zu weiterer Kommunikation anregt.

Gnade ist geduldig und freundlich.
Die Geschichte der Heiligen Schrift erzählt von der Geduld und Güte des Herrn. In jedem Kapitel der Bibel sehen wir, wie der Herr seine Barmherzigkeit über uns ausgießt, während er sein Gericht zurückhält. Man kann die Heilige Schrift nicht lesen, ohne von der Güte Gottes überwältigt zu sein. Er schüttet seinen Segen

über Gläubige und über Rebellen aus. Jeden Tag hält seine Gnade die Sünde zurück und macht das Leben nicht nur für diejenigen lebenswert, die ihm im Glauben folgen, sondern für alle Menschen. Gott bestimmt, was gut, freundlich, geduldig und liebevoll ist, denn er ist ein Gott der Gnade. Wir brauchen dringend eine Kultur der Geduld und der Freundlichkeit. Wir reagieren zu schnell, und es fällt uns allzu leicht, dies auf eine Art und Weise zu tun, die sich nicht durch Freundlichkeit auszeichnet.

Gnade leidet bereitwillig um des anderen willen.
Wenn du beschließt, ein Werkzeug der Gnade Gottes zu sein, indem du entsprechend auf andere reagierst (was Gottes Maßstab für eine gesunde Kommunikation ist), dann musst du auch bereit sein zu leiden. Ich habe in den sozialen Medien schreckliche Dinge über mich gelesen. Ich habe erlebt, dass Menschen, die meinen Pastorendienst schätzten, sich von mir abwandten, weil andere über mich bestimmte Dinge gesagt hatten. Auch wurden Videos gedreht, um mich zu verspotten. Meine Botschaft und meine Worte werden oft verdreht und von anderen für ihre Zwecke genutzt. Auch wenn diese Angriffe schwer zu ertragen sind, habe ich mir vorgenommen, nicht zurückzuschlagen, sondern mich meinem himmlischen Vater anzuvertrauen, der alle Dinge gerecht beurteilt. Ich möchte das mächtige Werkzeug der sozialen Medien nicht zum Bekämpfen anderer nutzen, sondern um Ermutigung und liebevolle Einsichten über das Evangelium zu verbreiten. Die Welt der sozialen Medien würde sich radikal verändern, wenn mehr Menschen bereit wären, zu leiden und sich nicht in Kämpfe zu stürzen, sondern mit sanften Worten zu reagieren, die aus einem gnädigen Herzen kommen.

Es braucht Gnade, um Gnade zu gewähren.
Was bewirkt Gottes Aufruf an jeden Gläubigen, ein Werkzeug der Gnade in den Händen eines gnädigen Gottes zu sein? Nun, es lässt mich nach Gnade schreien. Es liegt nicht in meiner Natur,

schnell Gnade zu gewähren. Ungeduld und Streitlust liegen mir viel mehr. Es ist natürlich für mich, etwas zu sagen, weil ich es so will und nicht, weil ich mir überlegt habe, mit wem ich spreche und was mein Gegenüber nötig hat. Es ist natürlich für mich, an meinen Verletzungen festzuhalten und sie meine Reaktionen beeinflussen zu lassen. Es ist ganz selbstverständlich für mich, Gleichgesinnte anders zu behandeln als jene, die anders denken. Es liegt mir näher, mich mehr um die Sünden, Schwächen, Fehler, Unzulänglichkeiten, Vorurteile, Heucheleien und Irrtümer anderer zu kümmern als um meine eigenen. Wenn ich also in den sozialen Medien oder in persönlichen Gesprächen mit Gnade reagieren möchte, brauche ich Gnade. Ich brauche Gottes Gnade, um mich von dem zu befreien, was in meiner Natur liegt, und um mich zu befähigen, so zu leben, wie Gott (der weiß, was das Beste ist) es will.

Durch das Leben, den Tod und die Auferstehung Jesu und durch die Gegenwart des in mir wohnenden Heiligen Geistes steht mir diese Gnade zur Verfügung. Was für eine gute Nachricht! Ich lade dich ein, zu bekennen, dass es auch nicht in deiner Natur liegt, ein Werkzeug der Gnade Gottes zu sein, und dich nach der Gnade auszustrecken, die dein Herr so bereitwillig und großzügig schenkt.

5

Identität

Ein Mann stand vor dem Haupteingang des größten Lebensmittelmarktes in Philadelphia und bettelte um Geld. Er erzählte, er sei mit seiner Familie über die Ben-Franklin-Brücke gefahren und sein Auto sei liegen geblieben. Er brauche Geld, um seine Familie mit öffentlichen Verkehrsmitteln nach Hause zu bringen, und dann würde er entscheiden, was er mit seinem Auto machen wolle. Der arme Vater konnte einem nur leidtun, denn er befand sich in einer Situation, die sich niemand von uns wünschen würde. Das einzige Problem war, dass er Tag für Tag an dieser Stelle stand und immer dieselbe Geschichte erzählte. Nachdem ich ihn über ein Jahr lang dort gesehen und gehört hatte, fragte ich mich: »Warum wechselt er nicht seinen Standort oder erfindet eine andere Geschichte?« Ich konnte es mir nur so erklären, dass er jeden Tag dort stand, weil es funktionierte. Ich weiß nicht, was dieser arme Mann erlitten hatte oder warum er ständig am Markteingang um Geld bat.

Ich weiß nur, dass er sich eine falsche Identität zugelegt hatte. Er war kein Vater, der um die Sicherheit seiner Familie fürchtete. Seine Familie saß auf keiner Brücke fest, und er wollte das Geld auch nicht, um sie sicher nach Hause zu bringen. Die Geschichte, die er erzählte, hatte mit seiner wahren Identität und seinem echten Leben nichts zu tun. Sie war sehr überzeugend, erregte viel Aufmerksamkeit und war letztlich auch erfolgreich – aber sie war einfach nicht wahr.

Ich fürchte, man kann die sozialen Medien des 21. Jahrhunderts mit dem Mann vor dem Lebensmittelmarkt vergleichen. Sie sind zu einem gruseligen Biotop falscher Identitäten geworden, das uns dazu bringt, Dinge über uns selbst und andere zu denken, die nicht wahr sind – was weitaus mehr Schaden anrichten als Gutes bewirken kann. Es gibt nur wenige Unternehmungen, die bedeutsamer sind und das Leben mehr prägen als der Versuch, seine Identität festzumachen. Vom ersten bis zum letzten Tag unseres Lebens bietet uns die Identitätsfrage eine der Möglichkeiten, aus dem Leben schlau zu werden. Ob du dir dessen bewusst bist oder nicht, in deinen Selbstgesprächen sagst du dir immer wieder, wer du bist. Manchmal als Selbstvorwurf: »Du bist doch eine erwachsene Frau und solltest es besser wissen.« Manchmal, um dich zu ermutigen und zu motivieren: »Du hast dafür trainiert. Du kannst es schaffen.« Und manchmal versuchst du auch, deinen Glauben zu stärken: »Du bist ein Kind Gottes, du bist nicht allein«.

Derjenige, der unsere Vernunft geschaffen hat, weiß auch, wie wichtig die Identität für einen gesunden und funktionierenden Verstand ist, und er hat in seinem Wort viel darüber zu sagen. Tatsächlich zieht sich das Thema Identität wie ein roter Faden durch die Heilige Schrift – vom 1. Buch Mose bis zur Offenbarung. Die Bibel ist eindeutig: Wer du zu sein glaubst, bestimmt, wie du lebst. Deshalb kann man sich nicht ernsthaft mit unserer destruktiven Kommunikationskultur auseinandersetzen, ohne sich mit dem Thema Identität zu befassen. Ich möchte auf fünf Versuchungen in Bezug auf die Identität hinweisen, die in einer Kultur der toxischen Reaktivität präsent sind. Man könnte sie auch Versuchungen zu einer falschen Identität nennen, weil sie dazu führen, dass man Dinge über sich selbst denkt, die nicht wahr sind, und weil sie nicht nur trügerisch, sondern auch sehr verführerisch sind.

Aufmerksamkeit

Wir alle neigen dazu, der Aufmerksamkeit anderer Menschen zu viel Bedeutung beizumessen. Gott hat uns als soziale Wesen geschaffen, die nicht allein leben sollten. Unser Hunger nach Beziehungen ist also nichts Böses, sondern von Gott gewollt. Es ist jedoch gefährlich, die eigene Identität von der Aufmerksamkeit anderer abhängig zu machen. Wenn du dir auf diese Weise deine Identität aufbaust, dann fängst du an, Dinge zu tun und zu sagen, nicht weil sie richtig, gut, liebevoll, freundlich, moralisch oder angemessen sind, sondern weil du dadurch Aufmerksamkeit erregen kannst. Wenn deine Strategien, die Aufmerksamkeit anderer zu bekommen, nicht funktionieren, wirst du deprimiert oder wütend und strengst dich noch mehr an, die Identität zu finden, nach der du suchst.

Angenommen, du schöpfst deine Identität, deine Sicherheit und dein inneres Wohlbefinden aus der Aufmerksamkeit anderer und gehst mit dieser Einstellung auf eine Party. Ob es dir bewusst ist oder nicht – du wirst dich dort so verhalten, dass du Aufmerksamkeit auf dich ziehst. Wenn es dir gelingt, wirst du mit dem Gedanken nach Hause gehen, dass es eine tolle Party war. Dann wirst du dich gut fühlen. Wenn deine Versuche aber scheitern und du denkst, dass niemand von dir Notiz genommen hat, dann wirst du deprimiert nach Hause gehen und bereuen, überhaupt hingegangen zu sein. Hier liegt die identitätsstiftende Kraft der sozialen Medien: Sie ermöglichen uns, Aufmerksamkeit auf uns zu ziehen. Es hat einen Einfluss auf uns, wie viele Views und Likes wir erhalten. Deshalb posten wir auf Facebook, Instagram, X oder TikTok und schauen immer wieder nach, wie viele Likes wir bekommen haben. Eine der süchtig machenden Eigenschaften der sozialen Medien ist ihre Fähigkeit, Aufmerksamkeit zu erregen und dadurch unsere Suche nach Identität zu nähren. Leider leben immer mehr von uns dafür, ständig neue Follower zu bekommen und immer mehr Klicks, Likes und Views von denen zu erhalten, die uns folgen.

All diese Versuche, Aufmerksamkeit in den sozialen Medien zu erringen, verleiten uns dazu, uns in einer Weise zu verhalten und zu kommunizieren, die weder für uns noch für andere gut ist. Der Stolz, von anderen gesehen zu werden und unsere dahingehenden Anstrengungen sind der Boden, auf dem destruktive Kommunikation gedeiht. Wenn du etwas Unerhörtes postest, das eigentlich nicht veröffentlicht werden sollte, wird dir das Aufmerksamkeit verschaffen. Wenn du dich auf humorvolle Weise über jemanden lustig machst, den du respektieren solltest, wird dein Beitrag oft gelesen werden. Wenn du jemanden gnadenlos niedermachst, wird dir auch Aufmerksamkeit zuteil. Wenn du versuchst, in den sozialen Medien deine Identität zu finden, wirst du versucht sein, dich entsprechend zu verhalten.

Macht

Es gibt dir das Gefühl von Macht, andere in die Schranken zu weisen. Es verschafft dir einen Kick der Selbstgerechtigkeit, wenn du jemanden niedermachst. Es liegt Macht darin, das letzte Wort zu haben. Warum ist es für uns attraktiver, uns für Jesus mit der Peitsche im Tempel zu halten, als ihm in der aufopfernden Liebe des Kreuzes zu folgen? Die eigene Identität wird gestärkt, wenn man zeigen kann, dass man schlauer ist als die Person, mit der man kommuniziert. Es liegt Macht darin zu glauben, dass man mehr weiß und klarer denken kann als andere. Es liegt Macht darin zu denken, dass man momentan die richtige Position vertritt und die Dinge korrekt sieht. Wenn man andere verspottet, fühlt man sich stark. Wenn du nur ein durchschnittlicher, unbekannter Mensch bist, fühlst du dich als etwas Besonderes, wenn du eine angesehene Persönlichkeit auf X in die Schranken weist. Wenn dein herabsetzender Post dann auch noch von anderen weitergeleitet wird, verstärkt das den Kick.

Aber die falsche Identität der Macht, die man über die sozialen Medien gewinnt, unterscheidet sich zutiefst von der Macht eines Charakters, der auf Gnade basiert. Sie ist ganz anders als die Macht göttlicher Gaben, der Hingabe an Gottes Ruf und des Ertrages eines aufopferungs- und dienstbereiten Lebens. Das Gefühl der Macht, nachdem man jemanden in die Schranken gewiesen hat, ist wie Kokain für deine Identität. Es hält nicht lange an, und deshalb wirst du bald wieder in den sozialen Medien auftauchen, immer wiederkommen und süchtig nach ihnen werden.

Akzeptanz

Wir alle möchten irgendwo dazugehören. Wir alle sehnen uns danach, angenommen zu werden. Wir alle suchen nach Gruppen, mit denen wir uns identifizieren können. Wenn wir eine solche Gruppe gefunden haben, hungern wir nicht nur nach ihrer Akzeptanz, sondern tun auch alles, um sie zu bekommen. Nichts davon ist an und für sich falsch, aber diese Akzeptanz kann dir weder wahre Identität verschaffen noch Sinn und Ziel schenken. Wenn dies der Fall ist, wirst du Dinge tun und sagen, die du sonst nicht tun und sagen würdest – nur um die ersehnte Akzeptanz zu bekommen. Ich bin überzeugt, dass das destruktive

Gruppendenken, das sich so negativ auf die Gemeinde, die Politik, die Arbeit der Regierung, die Familie und die Gesundheit und Einheit unserer Gemeinschaften auswirkt, von den sozialen Medien angefeuert wird. In einer Kultur, in der sich viele von uns entfremdet, machtlos und allein fühlen, besitzt die Identität einer Gemeinschaft eine starke Anziehungskraft. Ob wir uns dessen bewusst sind oder nicht – wir suchen nach einer Gruppe von Menschen, mit der wir uns identifizieren können und die uns aufnimmt. Wir vertreten ihre Interessen und passen unser Denken und unsere Kommunikationsweise ihren Normen an.

Jedes Mal, wenn du anfängst, auf deinem Smartphone, deinem Tablet oder deinem Computer zu scrollen, dann denk daran, dass die sozialen Medien nicht deine Gemeinde sind. Du befindest dich dort nicht unter Glaubensgeschwistern mit geschulten und gottesfürchtigen Leitern und liebevoller, einander dienender Gemeinschaft. Die sozialen Medien sind auch nicht deine Familie mit lebenserfahrenen Eltern, die zwar unvollkommen sind, aber meist nur das Beste für dich wollen. Zuletzt sind die sozialen Medien auch nicht dein vertrauter Freundeskreis, der dich wirklich kennt und sich, wenn es echte Freunde sind, um dein Wohlergehen sorgt und kümmert. Die Menschen, mit denen du in den sozialen Medien zu tun hast, kennen dich nicht wirklich. Sie wissen nicht, ob du glücklich, traurig, deprimiert, einsam, fröhlich oder entmutigt bist.

Sie haben keine Ahnung, welche Nöte du durchmachst. Sie kennen deine geistlichen und emotionalen Schwachstellen nicht. Sie wissen nicht, wo du vielleicht Hilfe brauchst. Sie kennen dich nicht, denn hinter deinem Bildschirm lebst du relativ anonym. Sie sind keine echte Gemeinschaft im wahrsten Sinne des Wortes. Die Gruppenidentität in den sozialen Medien ist eine Illusion: Sie kann dir niemals die stabile Liebe, den bleibenden Trost, die liebevolle Zurechtweisung, die Bereitschaft, deine Lasten mitzutragen und dir zu vergeben, dich anzunehmen und dich nicht im Stich zu lassen, wenn du Mist gebaut hast, ersetzen. Der Hunger, den der Schöpfer in unsere Herzen gelegt hat und den wir alle verspüren, wird niemals von den Bildschirmen gestillt werden, die unser Leben zu beherrschen scheinen.

Moralische Überlegenheit

Moralische Überlegenheit war ein wesentlicher Bestandteil der Identität und destruktiven Gesetzlichkeit der Pharisäer. Jesus deckte machtvoll auf, dass ihre vermeintliche Überlegenheit in Wahrheit eine Illusion und eine falsche Identität war. Es besteht ein gravierender Unterschied zwischen wahrer Gerechtigkeit (der moralischen Überlegenheit, die wir nur aus Gnade erlangen können) und stolzer Selbstgerechtigkeit. Das Gleichnis vom Pharisäer und Zöllner im Tempel warnt uns vor der Gefahr dieser falschen Identität (vgl. Lk 18). Sie führt immer zu einer verzerrten Selbsteinschätzung und zu einer abwertenden, richtenden Haltung gegenüber anderen. Moralische Überheblichkeit macht dich nicht geduldig, freundlich, fürsorglich, verständnisvoll und vergebend. Sie wird dich nicht dazu bringen, gut und barmherzig zuzuhören. Angesichts der Unzulänglichkeiten, Schwächen und des Versagens eines anderen Menschen wirst du dich nicht auf deine eigenen Fehler besinnen. Sie wird dich nicht dazu bringen, stets das Beste anzunehmen, oder dich davon abhalten, immer gleich das Schlimmste zu denken. Du wirst andere eher beurteilen als ermutigen. Die moralische Überlegenheit mit ihrer Selbstgerechtigkeit und ihrem urteilenden Geist wirkt wie ein Brandbeschleuniger im Feuer der destruktiven Kommunikation, die täglich so viel Gutes in den sozialen Medien verbrennt. Der Gedanke, gerechter zu sein als andere, gibt einem zwar einen Kick, aber es ist eine falsche Identität, die dir und der ganzen Gemeinschaft schaden wird.

Kontrolle

Es kann eine aufregende Erfahrung sein, ein digitales oder analoges Gespräch zu beenden, das man kontrolliert hat, aber es verleitet einen oft dazu, von sich selbst auf eine Weise zu denken, die nicht der Wahrheit entspricht. Wahrscheinlich bist du gar nicht so klug, wie du denkst. Du kommunizierst vermutlich auch nicht so gut, wie du glaubst. Womöglich wirst du nicht so von anderen respektiert, wie du es zu verdienen meinst. Vielleicht hast du das Gespräch dominiert, aber in Wirklichkeit verfügst du nur über wenig Macht. Bei der destruktiven Kommunikation in den sozialen Medien geht es meist um Kontrolle. Wenn ich dir unverschämt oder übertrieben antworte, verleite ich dich dazu, dich oder deinen Standpunkt zu verteidigen. Dann habe ich das Sagen und kontrolliere unseren Austausch. Andere widersprechen mir oder verteidigen dich und deine Position. Dann gehe ich auf sie und ihr Lager los, wobei sich die Posts letztlich nicht mehr um das ursprüngliche Thema drehen, sondern um mich. Leider verleitet uns die Sünde dazu, gern die Kontrolle zu übernehmen, auch wenn das einer guten Kommunikation, einer gesunden Gemeinschaft, dem Ansehen, dem Respekt vor anderen und der Sache des Reiches Gottes und seiner Gerechtigkeit abträglich ist.

*

Der Wahnsinn der ständigen Identitätssuche mit all den falschen Identitäten, denen man nachjagt, wird vom Evangelium gnädig und glorreich überwunden. Schauen wir uns einige Bibeltexte an, die sich mit der Frage der Identität befassen und die wirksam vor Versuchungen zu einer falschen Identität schützen. Es sind Versuchungen, die die Ursache für viele destruktive Kommunikationsweisen in den sozialen Medien sind, auch unter Christen.

2. Petrus 1,3–9 ist ein diagnostischer Abschnitt. Petrus behauptet darin, dass es Menschen gibt, die den Herrn wirklich kennen, deren Leben aber »faul und unfruchtbar« ist (1,8). Das bedeutet, dass ihr Leben nicht das hervorbringt, was man vom Leben eines Gläubigen erwarten würde – Tugend, Erkenntnis, Mäßigung, Standhaftigkeit, Frömmigkeit, Brüderlichkeit und Liebe (vgl. 1,5–8). Wenn du beim Bibellesen auf eine solche Diagnose stößt, dann solltest du dich fragen: »Wie ist das möglich? Was hat dazu geführt, dass diese Menschen faul und unfruchtbar sind?« Die Antwort steht im nächsten Vers. Petrus sagt, wenn es jemandem an den Charaktereigenschaften mangelt, die einen Menschen tüchtig und fruchtbar machen, dann liegt das daran, dass er »blind ist und im Dunkeln tappt und vergessen hat, dass er rein geworden ist von seinen früheren Sünden« (1,9). Wenn man vergisst, so Petrus, wer man in Christus ist, dann hört man auf, dem nachzujagen, was einem in Christus bereits gehört: die umgestaltende Kraft der Gnade, die den Charakter fortwährend erneuert. Man lebt und verhält sich dann auf eine Weise, die einem von der Gnade bestimmten Leben nicht entspricht.

Das ist noch nicht alles. Wenn du deine Identität nicht auf der vertikalen Ebene findest, wirst du sie auf der horizontalen Ebene suchen und damit für alle möglichen Versuchungen zu einer falschen Identität anfällig werden. Die horizontale Suche nach Identität und innerem Wohlbefinden bringt nie das, was du erhofft hast, sondern macht dich für alle möglichen Sünden empfänglich, zusammen mit den daraus entstehenden persönlichen und zwischenmenschlichen Schäden. Deshalb ist deine Bibel voll von ermutigenden Beschreibungen dessen, was es bedeutet, ein Kind Gottes oder »in Christus« zu sein. In Christus ist uns nicht nur vergeben worden. Wir haben auch eine neue Identität erhalten, die uns vor dem Wahnsinn der horizontalen Identitätssuche und dem häufig destruktiven Umgang in unseren digitalen und persönlichen Beziehungen schützt.

In Johannes 3,1–3 finden wir weitere, sehr hilfreiche und ermutigende Worte zum Thema Identität:

> **»Seht, welch eine Liebe hat uns der Vater erwiesen, dass wir Gottes Kinder heißen sollen – und wir sind es auch! Darum erkennt uns die Welt nicht; denn sie hat ihn nicht erkannt. Meine Lieben, wir sind schon Gottes Kinder; es ist aber noch nicht offenbar geworden, was wir sein werden. Wir wissen: Wenn es offenbar wird, werden wir ihm gleich sein; denn wir werden ihn sehen, wie er ist. Und jeder, der solche Hoffnung auf ihn hat, der reinigt sich, wie auch jener rein ist.«**
>
> **1 JOH 3,1–3**

Dieser Bibeltext sagt uns fast alles über Identität, was wir wissen müssen. Er umfasst unsere vergangene, gegenwärtige und zukünftige Identität. Hier liegt deine Sicherheit als Gottes Kind. Hier findest du deine Identität. Hiervon ist dein inneres Wohlbefinden abhängig. So wirst du von dem Bedürfnis befreit, ständig akzeptiert, bestätigt und respektiert zu werden. Hierin liegt deine Freiheit, nicht verzweifelt auf der horizontalen Ebene zu suchen, was dir auf der vertikalen Ebene schon geschenkt wurde. Damit bist du von dem Wahnsinn der Identitätssuche befreit, der den destruktiven Umgang in den sozialen Medien befeuert, der sogar unter Christen herrscht. Denk darüber nach, was Johannes hier sagt. Der Schöpfer und Herr des Himmels und der Erde, der alle Dinge durch seine Weisheit und Kraft regiert, hat dir seine Liebe geschenkt und dich zu einem seiner Kinder ernannt. Lass das auf dich wirken. Es bedeutet, dass du auch an deinem schlimmsten Tag geliebt wirst. Wenn du dich fremd und allein fühlst, bist du geliebt. Wenn andere dich verspottet und abgewiesen haben, bist du geliebt. Auch wenn Menschen dich nicht akzeptieren, bist du von Gott geliebt.

»Gottes Kind« ist ein Titel, den du dir niemals aus eigenen Anstrengungen verdienen könntest. Du bist es nur durch das Eingreifen der göttlichen Gnade. Johannes spricht hier nicht von einer Zukunftshoffnung, sondern von deinem gegenwärtigen Zustand. Daher bist du durch die Gnade von der Identitätskrise befreit worden, in der heute so viele stecken. Das ist noch nicht alles. Johannes sagt, dass du damit rechnen kannst, von der Welt weder verstanden noch anerkannt zu werden, weil sie auch Jesus nicht verstanden oder anerkannt hat. Wenn du ein Kind Gottes bist, dann ist deine Identität zutiefst in deinem Herrn gegründet und nicht in deinem Nächsten.

Dir wurde nicht nur in der Vergangenheit Liebe und in der Gegenwart eine erstaunliche Identität geschenkt – auch deine Zukunft ist bereits gesichert. Schließlich erklärt Johannes, dass es eine reinigende Wirkung hat, wenn deine Identität in demjenigen ruht, der alles geplant und kontrolliert hat, der in dir lebt und dessen überführende und mächtige Gnade bewirkt hat, dass du sein Kind werden konntest. Wenn du Gott vertraust und in deiner Identität als sein Kind ruhst, bist du vor den Versuchungen geschützt, denen du auf der erfolglosen Suche nach Identität ausgesetzt wärst. Du bist davon befreit, Dinge zu tun und zu sagen, die du nicht tun oder sagen solltest, um Aufmerksamkeit, Macht, Anerkennung, moralische Überlegenheit oder Kontrolle zu erlangen. Du bist in der Lage, allein zu stehen. Du kannst es aushalten, fehlinterpretiert und missverstanden zu werden. Du kannst es sogar aushalten, zu Unrecht beschuldigt oder verleumdet zu werden. Du musst nicht die lauteste Stimme haben, das Gespräch kontrollieren oder den Sieg davontragen. Du brauchst nicht mehr das Gefühl der Macht, jemanden niederzumachen. Wir sollten ewig dankbar sein für die reinigende Kraft unserer Identität als Kinder Gottes.

Wenn du dich also das nächste Mal an deinen Laptop setzt, dein Tablet in die Hand nimmst oder dein Handy aus der Tasche ziehst, um deinen X-Feed zu durchsuchen oder TikTok aufzurufen – halte zuvor inne und denk daran, wer du dank der herrlichen Gnade Gottes bist, der dich als sein Kind angenommen hat. Erinnere dich an die Identität, die du bereits hast, und an all die Identitäten, die du nicht brauchst. Denk daran, dass das Evangelium der rechtfertigenden, annehmenden und identitätsstiftenden Gnade das einzige dauerhafte Heilmittel ist. Es befreit dich von dem Identitätswahn, der einen Großteil der destruktiven Kultur der Reaktivität antreibt, die so viele Dinge zerstört, die uns lieb und teuer sein sollten. Sprich dir immer wieder die Worte des Psalmisten zu – bis du in der Ewigkeit angekommen bist und sie nicht mehr sprechen musst: »Mein Vater und meine Mutter verlassen mich, aber der HERR nimmt mich auf« (Ps 27,10). Hierin allein ist die reinigende Kraft einer sicheren Identität zu finden.

6

Herrlichkeit

Es war schon für sich genommen ein erstaunlicher Akt der Selbstdarstellung – aber wo und wie er stattfand, machte die Sache noch schlimmer. Der Mann war in den Tempel gegangen, um zu beten, aber was aus seinem Mund kam, war kein Gebet (vgl. Lk 18,9–14). Man könnte es höchstens ein Gebet zu sich selbst nennen. Voller Stolz auf seine eigene Gerechtigkeit sagte er Gott, dass er ihn nicht bräuchte. Er bedürfe Gottes vergebender, verwandelnder und bevollmächtigender Gnade nicht, weil er nicht wie alle anderen Menschen sei. Vor allem nicht wie der arme Kerl, der Steuereintreiber da drüben, der weinte und vor sich hin murmelte. Nein, *er* war ein religiöser Führer. Er kannte sich in religiösen Dingen aus, hielt sich an die Regeln und verdiente alle Ehre, die er bekam. Er stand zwar im Tempel, aber der eigentliche Ort und Adressat seiner Anbetung war er selbst. Er war so von sich eingenommen, dass er fast jeden Menschen in seiner Umgebung als minderwertig ansah. Er war ein religiöser Experte, aber viel weiter von dem Gott entfernt, der im Mittelpunkt seines frommen Lebens stand, als ihm bewusst war. Bei einer der augenfälligsten religiösen Handlungen, dem Gebet, stand dieser Mann wie ein Dieb da, ein Ruhmesdieb – unfähig, Gott zu lieben, und unfähig, auf die Menschen um ihn herum mit Liebe zu reagieren. In seiner pseudoreligiösen Ruhmsucht gab es wenig Raum für eine vertikale Beziehung. Mit welchen religiösen oder spirituellen Abzeichen er sich auch immer umgab, sein eigener Heiligenschein ließ in seinem Herzen keinen Platz für die Herrlichkeit Gottes.

Selbstverherrlichung ist der Tod jeder wahren Religion und nimmt dir auch die Fähigkeit, deinen Nächsten zu lieben wie dich selbst. Nur wer Gott über alles liebt, kann auch seinen Nächsten lieben wie sich selbst. Wer seinen Nächsten lieblos behandelt, offenbart damit etwas noch Schlimmeres – seinen Mangel an wahrer Gottesliebe. Daher weist die Tatsache, dass selbst bekennende Christen in den sozialen Medien so viel Selbstverherrlichung an den Tag legen, auf einen Mangel im Herzen der heutigen evangelikalen Kirche hin. Viele von uns scheinen wie besessen Ruhm und Ehre nachzujagen, aber es geht ihnen nicht um die Ehre Gottes. Nein, wir sonnen uns im Glanz unseres theologischen Wissens, unserer Bibelkenntnis, unserer politischen Einstellung, unseres sozialen Engagements, unserer erfolgreichen Gemeindeaktivitäten, der Zahl unserer Follower, unserer sozialen Kontakte, der Bedeutung unserer sozialen Gruppe und unserer großartigen Kommunikationsfähigkeit. Wir sind dankbar, dass wir nicht wie andere Menschen sind, die nicht über all das verfügen, was wir haben. Wir sind gerecht, wir sind Experten. Wir wissen, was das Beste ist. Diese Selbstherrlichkeit verhindert eine demütige und dankbare Haltung gegenüber Gott und macht uns blind für die Liebe hervorbringende Herrlichkeit Gottes.

Die destruktive Kultur der Reaktivität, die nicht nur in den sozialen Medien, sondern auch in unserer Alltagskommunikation herrscht, ist nicht in erster Linie ein horizontales Problem. Es geht nicht zuerst darum, wie ich meinem Nächsten liebevoll begegne. Es geht vielmehr um den Kampf, der im Herzen eines jeden Sünders zwischen der Selbstverherrlichung und der Verherrlichung Gottes tobt. Darauf müssen wir uns bei der Überwindung unserer destruktiven Verhaltensweisen konzentrieren, wenn wir jemals eine echte, dauerhafte Veränderung erreichen wollen. Dieser gewaltige geistliche Kampf offenbart, wie sehr wir göttlicher Rettung bedürfen. In vielerlei Hinsicht ist dies genau das, worum es im Evangelium von Jesus Christus geht. Das Evangelium, das beherrschende Thema in der Heiligen Schrift, zeigt uns, was schiefgelaufen ist und wie es wieder in Ordnung gebracht werden kann. Regeln für den Umgang in den sozialen Medien sind zwar hilfreich, können aber nicht die Ursache der Destruktivität beseitigen, die uns überall im Alltag begegnet. Wir haben ein Herzensproblem, das sich mit horizontalen Vorschriften nicht beheben lässt.

Das Problem der Selbstverherrlichung, das destruktive Verhaltensweisen anheizt und damit die Kultur, jede Gemeinschaft und auch die Gemeinde zerstören kann, hat nicht erst mit den sozialen Medien begonnen. Die sozialen Medien sind lediglich einflussreiche und mächtige Plattformen, die etwas Dunkles zum Ausdruck bringen, das schon sehr lange existiert. Mit anderen Worten: Die sozialen Medien *bewirken* nicht, dass wir selbst- und beziehungszerstörend kommunizieren. Vielmehr *verstärkt* die Art und Weise, wie sie aufgebaut sind und wie ihre Algorithmen funktionieren, nur eine uralte geistliche Schwäche. Traurigerweise ist dies eine Schwäche, die wir so lange in uns tragen werden, bis es keine Sünde mehr gibt. Ich möchte im Folgenden erklären, wie das Evangelium das Problem der Selbstverherrlichung und der daraus resultierenden toxischen Beziehungen aufdeckt und eine Lösung dafür bietet.

Denk an die Zeit vor der Erfindung des Internets, des Computers, des Fernsehens und des Radios. Lass dich Jahrtausende zurückversetzen, noch vor die Erfindung des Buchdrucks. Wir sind jetzt Zeuge des ersten aufgezeichneten menschlichen Gesprächs in einer einfachen Welt, die tragischerweise im Begriff war, überaus kompliziert zu werden (vgl. 1 Mose 3). Die Welt von 1. Mose 1 und 2 war noch herrlich unkompliziert. Alles war perfekt erschaffen, befand sich an seinem richtigen Platz und funktionierte wie geplant. Es war eine einfache Welt des Friedens und der Harmonie – ohne Fehlfunktionen, Verbitterung oder Zerrissenheit. Während ich dieses Buch schrieb, wuchs in meinem Herzen die Sehnsucht, in der Welt von 1. Mose 1 und 2 zu leben.

Dieser paradiesische Zustand währte jedoch nicht lange. Adam und Eva beschlossen, Gottes heilige, weise und liebevolle Grenzen zu überschreiten. Ihr Ungehorsam war eine Sünde, die in der Selbstverherrlichung wurzelte. Was Adam und Eva in den Bann zog, war die verführerische Lüge, dass sie, wenn sie von der verbotenen Frucht äßen, wie Gott sein würden. Sünde hat immer mit gestohlenem Ruhm zu tun, und so führte die Sünde von Adam und Eva zu einem Kampf um die Herrlichkeit. Infolgedessen sind wir alle auf unterschiedliche Art und Weise der Herrlichkeit Gottes untreu und leben nur für den Selbstruhm. Aber der gestohlene Ruhm hat nicht nur Auswirkungen auf der vertikalen Ebene – er hat auch zerstörerische horizontale Konsequenzen. Adam und Eva verstecken sich nicht nur voller Schuld- und Schamgefühle vor Gott, sie schämten sich auch voreinander und waren gegeneinander verbittert. Diese destruktiven Folgen der Selbstverherrlichung betreffen jedoch nicht nur Adam und Eva, sie setzten sich auch in ihren Söhnen fort. Kain war so von Eifersucht auf seinen Bruder zerfressen, dessen Opfer von Gott angenommen wurde, während seines abgelehnt wurde, dass er seinen Bruder in missgünstiger Wut tötete. Eifersucht und Neid, die Unfähigkeit, sich über den Segen oder den Erfolg eines anderen zu freuen, weil es nicht der eigene ist, wurzeln in der Selbstverherrlichung. Weil Adam und Eva Gottes Ruhm gestohlen hatten, kam es gleich danach zu destruktiven Beziehungen, die in Finsternis enden.

Jeder gemeine Spott in den sozialen Medien, jeder Versuch, jemanden komplett zu vernichten, jedes Mal, wenn sich immer mehr Menschen auf eine Person stürzen, jede Ablehnung, jedes unbegründete Urteil über Charakter oder Beweggründe, jedes Strohmann-Argument und jeder Angriff gegen das andere Lager – all das wurzelt in der Selbstverherrlichung. Es geht nur darum, die Macht zu übernehmen, anerkannt zu werden und irgendwie klüger, einsichtiger oder gerechter zu sein. Diese Reaktionen zielen aber im Grunde nicht darauf ab, einer anderen Person das Rampenlicht zu stehlen, sondern Gott aus dem Zentrum zu rücken. Sie entspringen nicht dem Bestreben, Gott die Ehre zu geben, sondern dem verführerischen Kick der eigenen Selbstinszenierung. Selbstverherrlichung bringt in deinen Beziehungen niemals geduldige Liebe, vergebende Gnade, demütigen Respekt oder die Bereitschaft hervor, zuzuhören oder den Ruf des anderen zu schützen. Selbstverherrlichung macht dich nicht freundlicher, zärtlicher oder sanfter. Selbstverherrlichung setzt die Wahrheit als Waffe ein und benutzt Worte, um zu schaden. Wenn jeder Bruder oder jede Schwester in Christus sich in den sozialen Medien oder in ihren persönlichen Beziehungen so verhalten würde, als stünde Gottes Herrlichkeit im Fokus, dann gäbe es diese destruktive Kultur der Reaktivität nicht mehr, die leider im Analogen wie im Digitalen zu beobachten ist.

Solche toxischen Beziehungen, die sich auf die für die menschliche Gesundheit essentielle Gemeinschaft so zerstörend auswirken, sind Folge der Selbstverherrlichung. Darum möchte ich anhand einer Geschichte aus der Bibel zeigen, wie Selbstverherrlichung funktioniert. Das beste Beispiel dafür ist die Erzählung von Nebukadnezar im Buch Daniel. Nebukadnezar war König von Babylon, ein großer Krieger und der Eroberer des Königreichs Juda. Trotz all seiner Macht und seiner Eroberungen war Nebukadnezar von seinem eigenen Ruhm besessen – so sehr, dass er Anbetung forderte. Gott war im Begriff, Nebukadnezar zu stürzen, doch vorher warnte er ihn durch einen geheimnisvollen Traum. Daniel sollte den Traum des Königs deuten, und anhand seiner Deutung und Nebukadnezars Reaktion sehen wir, wie Selbstverherrlichung funktioniert. Durch Daniel redete Gott folgende Worte zu Nebukadnezar: »Darum, mein König, lass dir meinen Rat gefallen und mache dich los und ledig von deinen Sünden durch Gerechtigkeit und von deiner Missetat durch Wohltat an den Armen, so wird es dir lange wohlergehen« (Dan 4,24). Ich weiß nicht, ob es dir beim Lesen dieses Verses aufgefallen ist, aber Daniel wiederholt die vertikalen und horizontalen Anforderungen der beiden höchsten Gebote Gottes. Er ermahnt Nebukadnezar, sich so zu verhalten, gerade weil das Leben und die Herrschaft des Königs vom genauen Gegenteil geprägt waren. Selbstverherrlichung missachtet diese beiden Gebote. Wenn du für deinen eigenen Ruhm lebst, wirst du Gott nicht über alles lieben und tun, was in seinen Augen richtig ist. Auch wirst du deinen Nächsten nicht lieben wie dich selbst und dich nicht für Barmherzigkeit einsetzen, wo immer nötig. Selbstverherrlichung bedeutet, dass ich das tue, was mir gefällt, und mich nicht um die Not der anderen kümmere.

Das ist noch nicht alles. Zwölf Monate nach dieser Ermahnung finden wir Nebukadnezar auf dem Dach seines Palastes. Nebenbei gesagt, ist dies ein erstaunlicher Erweis der geduldigen Gnade des Herrn. Er hatte dem König zwölf Monate Zeit gegeben, um sich zu entscheiden, ob er Buße tun wollte oder nicht. Zwölf Monate! Kannst du dir als Elternteil vorstellen, dass du zu deinem Kind sagst: »Dein Zimmer ist ein einziges Chaos. Ich möchte, dass du es gründlich aufräumst, und du hast zwölf Monate Zeit dafür«? Gottes Geduld mit Nebukadnezar sollte uns eine Ermutigung sein. Aber was sagt Nebukadnezar, als er auf sein Reich blickt? »Das ist das große Babel, das ich erbaut habe zur Königsstadt durch meine große Macht zu Ehren meiner Herrlichkeit« (Dan 4,27). Selbstverherrlichung führt dazu, dass man sich für etwas rühmt, was man nicht selbst hätte verdienen oder hervorbringen können. Die ganze Macht des Königs, seine militärische Brillanz, seine körperliche Stärke, sein Erfolg und sogar sein Leben und jeder seiner Atemzüge kamen vom Herrn. Für Nebukadnezar war das alles hingegen nur Ausdruck seines eigenen Ruhms.

So funktioniert Selbstverherrlichung. Sie lässt mich alles nur aus einem einzigen Grund tun: weil es mir Spaß macht. Sie führt dazu, dass ich so sehr damit beschäftigt bin, mich selbst zu lieben, dass ich wenig Zeit und Energie habe, andere zu lieben. Sie bringt mich dazu, persönliche Anerkennung für etwas zu fordern, das ich niemals selbst leisten oder hervorbringen könnte. Nun stell dir einmal vor, was geschieht, wenn Selbstverherrlichung auf Facebook, X, TikTok oder Instagram trifft. Ich platze fast vor Selbstruhm. Ich poste alles, was mir Spaß macht. Ich habe kein Gespür dafür, wie das, was ich poste, auf andere wirken könnte. Ich komme in die sozialen Medien und fühle mich berechtigt und privilegiert, weil ich bin, wer ich bin, oder aufgrund dessen, was ich getan habe, was ich weiß, oder vielleicht einfach wegen der Zahl meiner Follower. Ich poste, was mir die meisten Likes bringt, weil mich mein eigener Ruhm antreibt – egal wie stolz, unverschämt oder verletzend ich auftrete. Wenn es mir guttut, über jemanden zu spotten oder ihn abzulehnen, dann mache ich das. Wenn es mir Freude bereitet, jemanden niederzumachen, dann werde ich auch das tun. Ich schreibe nicht zum Wohle anderer. Wenngleich ich mir das Gegenteil einrede, dient jeder Post in Wirklichkeit nur mir allein, denn mein innerer Antrieb ist allein die Selbstverherrlichung, die meine Reaktionen zwingend beeinflusst.

Ich bin überzeugt, dass viele theologische Kämpfe im Internet gar nicht von der Liebe zur Theologie, sondern von der Selbstverherrlichung motiviert sind. Wenn die Wahrheiten des Wortes Gottes dein Herz regieren, werden sie niemals zu gehässigem Spott, wütenden Anschuldigungen oder der Bereitschaft führen, die Motive anderer zu beurteilen oder den Charakter eines anderen anzugreifen. Worte zu benutzen, um zu schaden, ist keine Frucht guter Theologie. Theologie, die keine Liebe hervorbringt, ist einfach schlecht, gotteslästerlich und unbiblisch. Der Wunsch, in den sozialen Medien als Kämpfer für die Wahrheit aufzutreten, resultiert nicht aus dem Bedürfnis, die Ehre Gottes oder seine großartige Wahrheit zu verteidigen, sondern ist von Selbstsucht geprägt. Selbstverherrlichung tarnt sich oft als Kampf für die richtige Sache. Wenn du gern kämpfst und andere zur Strecke bringen möchtest, dann treibt dich höchstwahrscheinlich nicht die Ehre Gottes an, denn er ist langsam zum Zorn und verschwenderisch in seiner Liebe. Wenn dir Empfindsamkeit, Sanftmut, Freundlichkeit, Geduld und Liebe als Schwächen erscheinen, dann kann man bezweifeln, dass die Herrlichkeit Gottes dein Handeln bestimmt. Ich denke, das destruktive Verhalten von Christen – oft gegenüber anderen Christen – in den sozialen Medien sollte uns eine ständige Warnung sein, wie gut sich das Reich der Selbstsucht als das Reich Gottes tarnen kann. Mögen wir demütig genug sein, unsere Herzen zu prüfen. Vielleicht ist es doch nicht Gott, dem wir dienen, wenn wir etwas posten.

Die Überwindung der destruktiven Kommunikation

Ich möchte dieses Kapitel mit der Betrachtung eines Bibelabschnitts schließen, der uns zeigt, worin die einzige Lösung in dem Kampf um die Herrlichkeit besteht, der oft in unseren Herzen tobt, und welche schönen Früchte diese Herrlichkeit in unserem Leben hervorbringen kann. Der nachfolgende Text erinnert uns daran, dass die Überwindung der Kultur der Reaktivität, um die es in diesem Buch geht, durch etwas Tieferes und Grundlegenderes geschieht als durch neue Regeln für soziale Medien oder dadurch, dass du diese Plattformen weniger nutzt (was wohl trotzdem eine ausgezeichnete Idee wäre). Psalm 112 wurde Tausende Jahre vor dem Aufkommen dieser unglaublich mächtigen Kommunikationsplattformen geschrieben, aber er trifft genau den Punkt:

> **»Halleluja! Wohl dem, der den HERRN fürchtet, der große Freude hat an seinen Geboten! ... Den Frommen geht das Licht auf in der Finsternis, gnädig, barmherzig und gerecht.**
>
> **Wohl dem, der barmherzig ist und gerne leiht und das Seine tut, wie es recht ist! Denn er wird niemals wanken; der Gerechte wird nimmermehr vergessen. Vor schlimmer Kunde fürchtet er sich nicht; sein Herz hofft unverzagt auf den HERRN.«**
>
> **PS 112,1.4–7**

Zunächst bietet Psalm 112 den Gläubigen die einzige dauerhafte Hilfe zur Überwindung der destruktiven Kommunikation, die den Umgang der Christen untereinander in weiten Teilen geprägt und beschädigt hat. Die Furcht des Herrn ist die Lösung. Der Psalmist spricht dabei nicht von einem Schrecken, der mich dazu bringt, wegzulaufen und mich vor dem Herrn zu verstecken, sondern vielmehr von einer Ehrfurcht gebietenden Erkenntnis seiner Macht und Herrlichkeit, die mich dazu treibt, zu ihm zu laufen, in ihm zu ruhen und bereit zu sein, mich seinem Willen hinzugeben. Diese Furcht allein bringt all die anderen Ängste und Motivationen zum Schweigen, die die üble Mixtur von Destruktivität bilden, die uns tagtäglich so sehr schadet. Wenn die Furcht des Herrn mein Herz erfasst hat, fürchte ich mich nicht davor, was andere Menschen von mir denken und wie meine Worte ankommen. Dann können auch tausend andere »was wäre, wenn«-Gedanken mein Herz nicht erobern. Wenn ich praktisch in Ehrfurcht vor Gott und seiner Macht, Herrlichkeit und Gnade lebe und davon überwältigt bin, dass mich jemand in seine Familie aufgenommen hat, der eine solch unermessliche Herrlichkeit besitzt, dann bedeutet mir meine eigene Herrlichkeit nichts mehr. Wenn mich Gottes Herrlichkeit motiviert, dann ist der Selbstherrlichkeit mit der Sucht nach Macht, Akzeptanz, Kontrolle, Anerkennung und moralischer Überlegenheit der Boden entzogen.

Dann beschreibt Psalm 112 die herrlichen Früchte im Leben eines Menschen, der von Gottesfurcht geprägt ist. Ein Mensch, der den Herrn fürchtet, wird »gnädig, barmherzig und gerecht« sein (112,4). Stell dir einmal vor, diese drei Charaktereigenschaften würden alle deine Posts und Gespräche bestimmen. Stell dir vor, jede Antwort, die ein Christ in sein Smartphone tippt, wäre gnädig, barmherzig und gerecht. Denk darüber nach, welche Auswirkungen das auf die Medienwelt hätte, in der wir uns täglich bewegen. Ein Mensch, der den Herrn fürchtet, ist nicht respektlos, zornig oder rachsüchtig, sondern großzügig und handelt gerecht. Gerechtigkeit geht mit dem Bösen auf eine Weise um, die nicht noch mehr Böses schafft. Großzügigkeit hat nicht nur mit Geld zu tun, sondern zeigt sich auch durch einen Geist des Gebens und Dienens in allen Bereichen deines Lebens und darin, wie du mit anderen Menschen umgehst. Großzügige Menschen hören aufmerksam zu, geben dir einen Vertrauensvorschuss und bemühen sich, das Beste von dir zu denken. Großzügige Menschen geizen nicht mit Geduld, Liebe, Mitgefühl, Verständnis und Gnade. Großzügige Menschen setzen Worte nicht als Waffen ein, sondern als Geschenke, die helfen, ermutigen, klären, belehren, trösten und aufbauen sollen.

Schließlich sagt der Psalm, dass du keine Angst vor schlechten Nachrichten haben wirst, wenn die Furcht des Herrn in dein Herz einkehrt. Du lebst nicht in der Angst vor dem nächsten Angriff, vor dem nächsten Mal, wenn du missverstanden wirst oder wenn dein Charakter oder deine Qualifikationen infrage gestellt werden. Die Furcht des Herrn hält dich davon ab, immer nach dem nächsten Feind auszuspähen. Die Furcht des Herrn bedeutet, dass du deine Sicherheit und deinen Frieden nicht daraus schöpfst, wie die Menschen auf dich reagieren, sondern daraus, wer der Herr ist und was er für dich getan hat und noch tut. Ich bin dankbar dafür, wie der Psalmist über diese Sicherheit und Ruhe spricht. Er sagt: »sein Herz hofft unverzagt auf den Herrn« (Ps 112,7). Dieses feste, unverzagte Herz, das nur eine Frucht der Gottesfurcht sein kann, wird dich vor dem destruktiven Wahnsinn bewahren, der eine so zerstörerische Macht in unserer modernen Kommunikationskultur entfaltet. Ich fürchte, viele Gläubige haben ein verzagtes Herz. Ihnen fehlt die Festigkeit der Ruhe, der Sicherheit und des Friedens, die aus der Furcht vor der Herrlichkeit des Herrn kommt. Wenn dein Herz unsicher ist, dann suchst du bewusst oder unbewusst auf der horizontalen Ebene nach einem Halt für dein Herz und deinen Verstand, der aber nur auf der vertikalen Ebene zu finden ist. Also verlangst du nach Anerkennung, Respekt, Wertschätzung, Macht, Kontrolle – und nach vielem anderen mehr. Du forderst diese Dinge, weil sie dir für einen Moment ein Gefühl der Unverzagtheit geben, das aber nie von Dauer ist. Wenn du immer denkst, »ich muss das haben«, dann hörst du anderen Menschen nicht gut zu, kannst sie nicht richtig lieben und ihnen auch nicht die Gnade gewähren, die jeder Mensch im Leben braucht. Du glaubst vielleicht, dass du für das Richtige eintrittst, aber in Wirklichkeit willst du nur deinen Willen umsetzen, was dir deiner Meinung nach zusteht. Das alles kommt aus einem unruhigen, verzagten Herzen, und deshalb kannst du auch nicht gnädig, barmherzig und gerecht sein.

Psalm 112, so alt er auch sein mag, trifft genau den Punkt. Er unterstreicht die Kernaussage dieses Buches: Das Evangelium deckt die Wurzeln und die einzige dauerhafte Lösung für die toxische Reaktivität auf, die die Kommunikationskultur sowohl außerhalb als auch innerhalb des Leibes Christi verzerrt und schädigt. Du magst gläubig sein. Du magst viel theologisches Verständnis und Bibelwissen besitzen. Du lebst vielleicht schon eine ganze Weile mit dem Herrn und dienst ihm in der Gemeinde. Ich bitte dich dennoch, diese Frage an dich heranzulassen: Könnte es sein, dass dein Herz noch von viel Selbstverherrlichung erfüllt ist? Kommt es vor, dass du dein theologisches Wissen stolz zur Schau stellst – wie ein Abzeichen, das du dir verdient hast? Benutzt du es manchmal als Waffe und nicht als Gabe, um anderen zu dienen? Schaust du auf alle herab, die weniger Wissen oder Einsicht besitzen als du? Suchst du gern Streit oder mischst dich vorschnell in fremde Streitgespräche ein? Bist du fordernd, überkritisch und fühlst dich berechtigt, Ansprüche zu stellen? Kannst du deinen Gegnern gut zuhören? Lässt du ihnen gegenüber Gnade walten? Behandelst du sie mit Würde und Respekt? Fällt es dir leicht zuzugeben, wenn du im Unrecht bist oder jemanden falsch behandelt hast? Sind deine Worte wohldosiert, sorgfältig und darauf ausgerichtet, Gutes zu tun? Könnte es sein, dass du nicht wirklich für die Ehre Gottes und seine Wahrheit eintrittst, sondern eher deine eigene Ehre im Blick hast, sie verteidigst und schützt?

Ich wünschte, ich könnte behaupten, von Selbstruhm weit entfernt zu sein, aber das ist nicht der Fall. Ich wünschte, ich könnte sagen, dass die Furcht des Herrn immer mächtiger und einflussreicher in meinem Herzen wirkt als jede andere Furcht, aber auch das kann ich nicht. Deshalb lade ich dich ein, das zu tun, was ich jeden Morgen versuche. Ich lade dich ein, dir ein paar Augenblicke Zeit zu nehmen, bevor du deinen arbeitsreichen Tag beginnst, um die Augen deines Herzens auf die überwältigende Herrlichkeit des Herrn und seine Gnade zu richten. Lass jeden Morgen deine Selbstherrlichkeit in der erlösenden Wärme der göttlichen Herrlichkeit dahinschmelzen. Erlaube der Furcht des Herrn, jede andere Furcht zu besiegen. Während du dich im Glanz der herrlichen Schönheit deines Herrn sonnst, flehe ihn an, dich im Laufe des Tages vor dir selbst zu schützen. Dann steh auf und nimm dir vor, bei jedem Gespräch, ob digital oder persönlich, seine Herrlichkeit im Blick zu behalten. Suche nach Gelegenheiten, um gnädig, barmherzig, gerecht und großzügig zu sein. Jesus lebte, starb und stand von den Toten auf, damit du in der Lage bist, diese Eigenschaften auszuleben. Möge jeder von uns so reden und posten, dass er Gottes Herrlichkeit im Blick hat. Seine Gnade macht es möglich.

7

Ewigkeit

Ich weiß nicht, ob du es schon bemerkt hast, aber in der Bibel gibt es keinen Spoiler-Alarm. Gott stellt uns das Ende aller Dinge und die nachfolgende Ewigkeit in seinem Wort klar vor Augen. Er tut dies, damit wir den gesamten Inhalt seiner wunderbaren Offenbarung aus der Ewigkeitsperspektive beurteilen können. Und damit die Ewigkeit die Art und Weise prägt, wie wir uns in allen Lebenslagen und Beziehungen verhalten. Gott möchte, dass wir eschatologisch orientiert leben, weil sonst schlimme Dinge passieren. Du wirst nie so leben, wie du eigentlich leben solltest, wenn du glaubst, dass die Gegenwart alles ist, worauf du dich verlassen kannst. Deshalb lädt uns Gott in seiner Gnade und Weisheit ein, unseren Blick auf die Ewigkeit zu richten und ihren Worten zu lauschen.

Auch in dieser Frage hilft uns das Evangelium, die destruktive Kultur der Reaktivität zu verstehen und uns vor ihr zu schützen, weil sie so viele Gespräche verzerrt, zahlreichen Menschen schadet und das Zeugnis der Kirche beschädigt. Ich bin überzeugt, dass ein Großteil dieser Destruktivität, mit der wir täglich unter Christen und Nichtchristen zu tun haben, die Folge einer subtilen, aber weitverbreiteten Epidemie der Ewigkeits-Vergessenheit ist. Sicher, jeder Gläubige kennt die Lehre von der Ewigkeit als Teil seiner konfessionellen Theologie. Jeder Christ glaubt an das ewige Leben, aber nicht annähernd so viele leben mit Blick auf die Ewigkeit. Nicht viele realisieren, dass sich dadurch die Art und Weise ändert, wie man auf alles in seinem Leben reagiert. Gott entfaltet dieses letzte Kapitel der Geschichte für uns nicht nur, damit wir vorbereitet sind, sondern damit wir wissen, wie wir hier und jetzt leben können. Betrachten wir also unsere Kommunikationskultur durch die Brille der Ewigkeit.

Die Ewigkeit als Lehrerin

Der vorrangige und vielleicht grundlegendste Zweck der biblischen Lehre von der Ewigkeit besteht darin, uns ein hermeneutisches Werkzeug an die Hand zu geben, mit dem wir aus unserem Leben schlau werden. Ich habe viel über die Tatsache geschrieben und gesprochen, dass jeder Mensch ein Interpret ist. Wie wir leben, handeln, reagieren und antworten, wird nicht von unseren Erfahrungen bestimmt, sondern davon, wie wir diese Erfahrungen deuten. Hermeneutik ist die Wissenschaft der Auslegung. Für Christen, die ihr Leben auf die Wahrheiten von Gottes Wort gegründet haben, stellt die Ewigkeit ein zentrales Auslegungsinstrument dar. Die Wahrheit über die künftige Ewigkeit weist uns warnend darauf hin, dass die Bibel viel mehr ist als eine Reihe von Wahrheiten, die man lesen, verstehen, glauben und verteidigen muss. Die Bibel ist eine Erzählung und die letzte große

Geschichte. Sie hat eine Hauptfigur: den allmächtigen Herrn. Sie hat einen Handlungsstrang. Und sie hat ein unbeschreiblich herrliches Ende.

Als Christ zu leben, bedeutet weitaus mehr, als nur die richtige Lehre zu vertreten und diejenigen aufzudecken, die versuchen, diese in irgendeiner Weise zu verändern oder abzulehnen. Als Gläubiger zu leben bedeutet, die eigene Geschichte als Teil der größeren Erlösungsgeschichte zu sehen. Wenn du ein Kind Gottes bist, dann wurde Gottes Geschichte durch Gnade auch zu deiner Geschichte. Seine Gegenwart und seine Macht sind deine Hoffnung. Seine Geschichte bestimmt dein Leben. Der endgültige Sieg am Ende ist auch dein Sieg. Die Bibel ist reich an Ratschlägen, wie wir mitten in Gottes Geschichte unser Leben führen können, denn wir leben im Chaos zwischen der Verheißung der künftigen Herrlichkeit und dem Anbrechen dieser Herrlichkeit. Die Ewigkeit tröstet uns mit einer erstaunlichen Wahrheit: Alles wird gut werden, denn Gott wird alles neu machen. Wir müssen also nicht in Panik verfallen. Wir müssen nicht befürchten, dass am Ende die Feinde des Guten siegen werden. Unser Leben muss keine Achterbahnfahrt mit allen Höhen und Tiefen, Drehungen und Wendungen der Verunsicherung unserer Kultur sein. Wir müssen nicht als politische Bürgerwehr auftreten, die denkt, Politiker würden uns die ersehnte Hoffnung und Sicherheit bringen. Wir müssen uns auch nicht davor fürchten, was andere von uns denken, wie sehr sie uns missverstehen oder wie aggressiv sie auf uns reagieren. Wir wissen, wer wir sind. Wir wissen, wovon wir allein aus Gnade Teil sein dürfen. Wir wissen, wohin Gott uns führt. Wir wissen, wie alles enden wird. Wir befinden uns mitten in einer nicht aufzuhaltenden Geschichte der Gnade, die gut ausgehen wird.

Kann es sein, dass ein Großteil der furchtsamen, defensiven, wütenden und ängstlichen Reaktionen, die unter Christen und in allen sozialen Medien zu beobachten sind, Ausdruck und Ergebnis dessen sind, dass wir Gottes Geschichte vergessen haben? Kann es sein, dass wir überhaupt nicht mehr verstehen, worum es dabei geht? Kann es sein, dass wir die kostbarste Geschichte, die je geschrieben wurde, und die einzige, die Tote wieder lebendig machen kann, auf eine Reihe von Wahrheiten reduziert haben, über die man streiten kann? Kann es sein, dass wir aus den Augen verloren haben, wo laut der Bibel wahre und dauerhafte Hoffnung, Sicherheit, Identität und Ruhe zu finden sind? Die Pastoren, die ich begleite, sagen mir immer wieder, dass die wütende Kommunikation in ihren Gemeinden im Grunde von Angst getrieben ist. Was ist, wenn man uns unsere Freiheiten wegnimmt? Was ist, wenn ein bestimmter Politiker nicht gewinnt? Was ist, wenn mein Pastor die falsche politische Einstellung hat? Was ist, wenn die Gender-Perspektive sich durchsetzt? Was ist, wenn diese Verschwörung wahr ist? Ich bin zutiefst davon überzeugt, dass die Ursache dieser Destruktivität, die unsere Kommunikation, unsere Beziehungen, unseren Dienst und unser Zeugnis stört und verdirbt, hauptsächlich darin liegt, dass Gottes Plan in Vergessenheit geraten ist. Das Ergebnis dieser Amnesie ist Angst.

Verängstigte Menschen kommen abwehrbereit und geladen zu Familientreffen, in die Kirche, ins Wahllokal und in die sozialen Medien. Dabei wird überängstlich und vorschnell reagiert. Man scheint vergessen zu haben, dass wir Teil einer göttlichen Bewegung sind, die nicht aufzuhalten ist. Gott wird siegen, und seine Kinder werden diesen Sieg mit ihm feiern.

Ewigkeit und Werte

Die biblische Wahrheit von der künftigen Ewigkeit hilft uns nicht nur, aus dem gegenwärtigen Chaos inmitten von Gottes großer Geschichte schlau zu werden und darin zu leben. Sie sorgt auch für die dringend nötige Klarheit, welche Werte zu gelten haben. Ich lese immer wieder die Rede Jesu in Matthäus 6, eine der wichtigsten Abschnitte der Bibel zum Thema Werte. Christus gebraucht dabei ein provokantes Wort für die Werte, die unser Herz beherrschen: Er nennt sie Schätze (vgl. Mt 6,19). Der Ausdruck erinnert an eine Truhe voller Gold und Juwelen. Ein Schatz ist etwas, das in unserem Herzen an Bedeutung gewinnt, bis es unser Denken, unsere Wünsche und unser Handeln bestimmt. Jesus macht uns darauf aufmerksam, dass unsere Herzen auf einen bestimmten Schatz ausgerichtet sind, für den wir leben. Aber dieses Wort konfrontiert uns mit einer weiteren Wahrheit. Die meisten Schätze, die wir als wertvoll erachten und die uns schließlich beherrschen, haben keinen Eigenwert, sondern nur den Wert, den wir ihnen zumessen. Denk an einen Hundert-Euro-Geldschein. Er ist nicht hundert Euro wert, weil das Papier, die Druckfarbe und die Sicherheitsmerkmale so viel kosten. Die Banknote selbst hat keinen Eigenwert, sondern nur den Wert, der ihr von der Europäischen Zentralbank zugewiesen wurde. Nur deshalb kannst du mit deinem Hundert-Euro-Schein in den Supermarkt gehen und Lebensmittel im Wert von hundert Euro kaufen.

Christus warnt uns, dass wir Schätze haben werden, die unser Herz beherrschen und deshalb unsere Worte und unser Verhalten prägen. Aber er macht uns auch darauf aufmerksam, dass viele Dinge, die wir als Schätze ansehen, gar nicht so wertvoll sind. Ihnen fehlt der wahre, inhärente, ewige Wert. Hier kann uns das Lauschen auf die Worte der Ewigkeit sehr helfen, um uns Klarheit darüber zu verschaffen, was echte Werte sind. Wenn wir dem Jubel der Heiligen zuhören, die uns vorausgegangen sind, müssen wir darauf achten, *was* sie feiern. Das ständige Thema der ewigen Feier ist Gott – seine gewaltige Macht, sein endgültiger Sieg und seine großzügige Gnade. Niemand wird in der Ewigkeit feiern, wie groß sein Haus war, wie viel Geld er hatte oder wie erfolgreich seine Karriere war. Niemand wird feiern, wie viele Debatten er gewonnen hat, wie viele Follower er in den sozialen Medien hatte, wie viele wichtige Führungspersönlichkeiten er zu Fall gebracht hat, wie seine politische Bewegung abgeschnitten hat oder wie erfolgreich er Eingriffe in seine persönlichen Rechte verteidigt hat. Niemand.

Kann es sein, dass es uns wichtiger geworden ist, zu beweisen, dass wir recht haben, als so zu leben und zu reagieren, wie es richtig ist? Kann es sein, dass politische Bewegungen uns zu wichtig geworden sind? Kann es sein, dass sekundäre Themen, die immer diskutiert wurden und werden, zu große Bedeutung für uns bekommen haben? Kann es sein, dass ständige theologische Rechthaberei ein Schatz geworden ist, der unser Herz regiert? Kann es sein, dass wir lieber gewinnen als zu lieben, lieber kontrollieren als zu dienen und lieber urteilen als zu ermutigen? Jesus sagt uns in Matthäus 6, was wirklich wertvoll ist: sein Reich und seine Gerechtigkeit. Kann es sein, dass wir den Verstand verloren haben, wenn es darum geht, wofür es sich wirklich zu leben und zu kämpfen lohnt? Kann es sein, dass – wenn wir die Warnungen in Matthäus 6 und die Werte der Offenbarung beherzigten – ein Großteil der ängstlichen, destruktiven Kultur der Reaktivität in den Gemeinden und in den sozialen Medien unter Christen aufhören würde? Alles, was du schreibst, mailst, sagst oder postest, offenbart die wahren Werte deines Herzens. Angesichts dessen müssen wir bekennen, dass es in unseren Gemeinden und im Internet täglich Beweise dafür gibt, dass wir vergessen haben, was wirklich wertvoll ist und wofür es sich lohnt, zu leben und unser Herz hinzugeben.

Ewigkeit und Ruhe

Die Ewigkeit gibt uns noch etwas: beständige geistliche Ruhe. Destruktive Reaktionen kommen niemals aus einem ruhigen Herzen. Das passiert einfach nicht. Die Herzensruhe stellt sich ein, wenn du von der Tatsache überwältigt bist, dass deine Zukunft vollkommen gesichert ist. Wenn dir die zukünftige Gnade sicher ist, dann ist es auch die gegenwärtige. Ohne gegenwärtige Gnade würdest du es nie schaffen, die zukünftige zu empfangen, die dir in Christus zuteilwird. Ein ruhiges Herz ist das Ergebnis von Dankbarkeit. Wenn dein Herz von Dankbarkeit erfüllt ist, verändert das die Art und Weise, wie du die Welt siehst, wie du jeden Tag erlebst, wie du andere Menschen siehst und wie du Schwierigkeiten bewertest und bewältigst. Wenn dein Herz zur Ruhe gekommen ist, dann bist du nicht so leicht reizbar, nicht überkritisch, nicht auf Kämpfe aus, nimmst Dinge nicht persönlich, die nicht persönlich gemeint sind. Du suchst nicht verzweifelt nach Akzeptanz und bist auch nicht am Boden zerstört, wenn sie dir versagt wird.

Wenn dein Leben von Vergesslichkeit, Undankbarkeit und Klagen geprägt ist, dann kann dein Herz leicht verunsichert werden. Das macht dich schwächer, weniger belastbar, reizbar und kritisch. Wenn du dich ständig beklagst, heißt das, dass du unzufrieden bist, und dadurch wirst du noch mehr Gründe finden, unzufrieden zu sein. Du wirst leichter wütend, fühlst dich schneller beleidigt und hast weniger Geduld mit anderen. Menschen, die sich häufig beklagen, haben nicht viel Freude und tun sich schwer, mit Notleidenden mitzufühlen und sie barmherzig zu behandeln.

Der Ton und der Charakter eines Großteils der aktuellen Kommunikationskultur in den sozialen Medien weist auf starke persönliche, beziehungsmäßige und kulturelle Unrast hin, auch unter Gläubigen. Die Gemeinde, die ein irdisches Abbild der künftigen

Ruhe sein sollte, ist heute eindeutig ein Ort der geistlichen Unruhe. Klagen übertönen das Lob. Wir sind zu leicht verärgert. Wir sind zu leicht beleidigt. Wir lassen uns zu leicht politisieren und in verschiedene Lager aufspalten. Es scheint uns an geduldigem Einfühlungsvermögen zu mangeln, an der Bereitschaft, das Beste von anderen zu denken und die Motive anderer nicht vorschnell zu beurteilen oder deren Charakter infrage zu stellen. Haben wir den Blick für die unaufhaltsame und ewige Gnade verloren, die uns in Christus zuteilwird? Haben wir vergessen, wie wichtig es ist, für das dankbar zu sein, was wir haben? Wenn die Ewigkeit, die uns in Christus zusammen mit all den Gnadengaben zuteilgeworden ist, dein Herz nicht erfasst hat und es vor Dankbarkeit nicht überfließen lässt, dann wird es dir sehr schwerfallen, der destruktiven Kultur der Reaktivität zu widerstehen, die jetzt überall zu herrschen scheint. Als Gottes Volk haben wir eine Wiederbelebung der Dankbarkeit und die daraus resultierende vertikale und horizontale Ruhe dringend nötig.

Freut euch und seid gütig

Philipper 4,4–7 spricht alles an, worüber wir uns eben Gedanken gemacht haben:

> **»Freuet euch in dem Herrn allewege, und abermals sage ich: Freuet euch! Eure Güte lasst kund sein allen Menschen! Der Herr ist nahe! Sorgt euch um nichts, sondern in allen Dingen lasst eure Bitten in Gebet und Flehen mit Danksagung vor Gott kundwerden! Und der Friede Gottes, der höher ist als alle Vernunft, wird eure Herzen und Sinne bewahren in Christus Jesus.«**
>
> **PHIL 4,4–7**

Dieser Abschnitt stellt eine direkte Verbindung zwischen dem gegenwärtigen Zustand unserer Herzen und dem zukünftigen Kommen des Herrn her. Er zeigt auch, dass es einen Zusammenhang zwischen der Dankbarkeit (»freuet euch allewege«) und der Art und Weise gibt, wie wir auf andere reagieren. »Eure Güte lasst kund sein allen Menschen!« ist ein gewaltiger Satz. Wenn er ernst genommen und diszipliniert gelebt würde, könnte er die christliche Landschaft in den sozialen Medien positiv verändern. Das Wort, das hier mit »Güte« übersetzt wird, hat im griechischen Urtext eine vielschichtige Bedeutung, ist provokant und lässt sich kaum mit einem einzigen deutschen Wort übersetzen. Es hat die Bedeutung von Geduld, Sanftmut, Weichheit, Bescheidenheit, Großmut, Mäßigung und Nachsicht. Wenn wir über diese Eigenschaften verfügten, während wir unsere Telefone, Tablets und Computer benutzen, würden wir aufhören, so destruktiv miteinander zu kommunizieren. Gott hat uns alles geschenkt, damit wir furchtlos und dankbar mit einem vom Frieden Gottes geschützten Herzen leben können und uns durch sanfte und nachsichtige Güte auszeichnen. Diese Passage ist ein Schlüsseltext. Paulus sagt uns hier nicht, wie schön es seiner Meinung nach wäre, nett zu sein. Nein, er konfrontiert uns mit der Wahrheit, dass unser Leben so aussehen würde, wenn wir uns nur bewusst machten, was uns alles geschenkt wurde, und dass wir einmal an der kommenden Herrlichkeit teilhaben werden. Es ist falsch, sich nicht zu freuen. Es ist falsch, nicht dankbar zu sein. Etwas stimmt mit dir nicht, wenn du keinen Frieden im Herzen hast. Und es ist falsch, wenn du auf andere nicht sanftmütig, nachsichtig und gütig reagierst. Das sind die grundlegenden Charaktereigenschaften eines Menschen, der nach dem Evangelium lebt, und über die wir als Gnadengaben verfügen.

Etwas stimmt nicht, wenn diese herrlichen Wahrheiten nur unseren theologischen Verstand aufblähen, ein stolzes und verurteilendes Herz in uns bewirken und Reaktionen auf andere hervorrufen, denen es an sanfter, geduldiger Güte mangelt. Ein Herz, das von Dankbarkeit für das Evangelium erfüllt ist, wird aus dir keinen Instagram- oder Facebook-Troll machen. Ein Herz, das in der gegenwärtigen und zukünftigen Gnade ruht, wird nicht leicht unzufrieden oder schnell kritisch sein. Ein Mensch, dessen Herz von Dankbarkeit erfüllt ist, wird Worte benutzen, um zu erbauen, zu trösten und zu ermutigen, und nicht, um einen Feind nach dem anderen zu überwältigen. Aber eine Evangeliums-Vergessenheit, die nicht mehr weiß, was uns bereits geschenkt ist und was garantiert noch kommen wird, macht uns anfällig für die verführerische, destruktive Kultur der Reaktivität, der schon zu viele von uns zum Opfer gefallen sind und weiter fallen werden.

Nutze deine Zeit

Noch eine letzte Bemerkung. Weil eine Ewigkeit auf uns wartet, müssen wir unsere Zeit gut nutzen. Während wir die sichere Wiederkunft unseres Herrn und die Errichtung seines endgültigen Königreiches erwarten, werden falsche Propheten und alle daraus resultierenden Übel aufkommen (vgl. Mt 24,11–12). Inmitten dieser kaputten, seufzenden Welt sind wir aber nicht hoffnungslos, furchtsam, zornig oder angstgetrieben. Mit Sicherheit sitzen wir auch nicht passiv herum. Wie ich bereits erwähnte, ist uns gesagt, wie wir leben sollen. In Epheser 5,16 heißt es: »Kauft die Zeit aus, denn die Tage sind böse.« Diese notwendige und hilfreiche Anweisung steht in der Mitte eines Abschnitts, in dem es darum geht, wie wir zwischen dem Schon und dem Noch-nicht leben können. Leider wird dieser Text regelmäßig missverstanden und falsch angewandt. Die Verwirrung hat mit dem Wort *Zeit* zu tun. Paulus verwendet das Wort *Zeit* nicht chronologisch im Sinne von: »Beeilt euch, wir haben nicht mehr viel Zeit!« Vielmehr meint er mit *Zeit* hier einen ganz bestimmten Zeitpunkt. Paulus ruft die Gläubigen in Ephesus und auch uns auf, *diese Zeit* bestmöglich zu nutzen. Er rät den Gläubigen, alle Gelegenheiten zu ergreifen, die Gott ihnen gibt, um als Kinder des Lichts in einer finsteren Welt zu leben. Wir sollen die Herrlichkeit Gottes in einer Welt widerspiegeln, die von anderen Herrlichkeiten besessen ist. Wir sollen Gottes Wahrheit einer Welt verkünden, die von der Lüge beherrscht wird. Wir sollen der Versuchung in einer Welt widerstehen, in der so viele der Verführung nachgeben.

In diesem Abschnitt geht es darum, dass wir als Menschen der Hoffnung eine Berufung haben. Wir sollen im Bewusstsein einer göttlichen Mission leben, handeln und reagieren. Wir sind zu einem größeren Ziel als zu unserem eigenen Lebenszweck berufen. Wir sind nicht nur eingeladen, Teil von Gottes Familie zu sein, sondern wir müssen auch seinen Auftrag auf Erden erfüllen. Wir sollen uns aktiv für die größte und wichtigste Bewegung der Menschheitsgeschichte einsetzen – die Erlösung. Wir sollen für ewige, jenseitige Dinge leben. Wir sollten die Welt niemals durch die kleine Brille dessen betrachten, was wir haben oder nicht haben, wie wir behandelt werden oder nicht, was uns Unbehagen bereitet oder nicht, oder was wir glauben, verdient zu haben oder nicht. Wir dürfen nicht zulassen, dass wir unsere Interessen, Motivationen oder Reaktionen nur auf unser kleines Leben begrenzen. Wir sind zu etwas unendlich Größerem eingeladen, und wir sind aufgerufen, mit dieser Perspektive zu leben. Die derzeit herrschende destruktive Kultur der Reaktivität resultiert aus der Tatsache, dass unser Leben sich nur noch um unsere Wünsche, unsere Bedürfnisse und unsere Gefühle dreht. Wir machen uns selbst wichtiger, als wir sind, und messen unseren Meinungen übermäßige Bedeutung zu.

In einem Moment der Reaktivität gibt es keine Vergangenheit, keine Zukunft, keine große Geschichte Gottes und keine Mission mit Ewigkeitswert. Wenn wir jemanden durch Spott, Hohn und Ablehnung niedermachen, haben wir vergessen, wer wir sind und wozu wir berufen wurden. Wir haben die Tatsache aus den Augen verloren, dass wir Kinder des Lichts inmitten der Finsternis sind, und sind stattdessen Teil der dunklen Destruktivität einer verrückt gewordenen Welt geworden. Wenn wir die Finger auf unsere Tastatur legen und drauflosschreiben, haben wir den Ruf aufgegeben, jede Gelegenheit zu nutzen, um auf Gottes Herrlichkeit und die ewige Hoffnung seiner Gnade hinzuweisen. Wenn uns das Gewinnen wichtiger, unsere Lager bedeutsamer und der Erfolg erfüllender wird als Gottes Werk, dann haben wir unsere im Evangelium gegründete Denkweise verloren. Wir haben dann vergessen, dass unsere kleinen Geschichten durch die Gnade Teil der übernatürlichen Geschichte der Herrlichkeit Gottes, seiner erlösenden Gnade, des immerwährenden Friedens und der ewigen Gerechtigkeit sind, die wir als Gottes Kinder erben werden.

Möge Gott uns Gnade schenken, gemäß der uns bereits zuteil gewordenen Barmherzigkeit und der künftigen Herrlichkeit zu leben, zu handeln und zu reagieren. Möge er uns helfen, das Beste aus den Gelegenheiten zu machen, die er uns schenken wird. Und möge in jedem Gespräch, jeder Reaktion und jedem Post unsere sanfte und geduldige Güte durchscheinen und auf die Wahrheit hinweisen, dass der Herr nahe ist.

8

Selbstlosigkeit

Das eigene Ich steht im Weg, mischt sich ständig ein und macht die Dinge komplizierter als nötig. Es verwandelt Beziehungen in ein Minenfeld. Du weißt nie, wann du einen falschen Schritt tust. Das Ich macht Worte zu Waffen, Segnungen zu Ansprüchen und Wünsche zu Forderungen. Es führt dazu, dass du dich selbst entschuldigst und gleichzeitig kritisch und verurteilend gegenüber anderen bist. Unzufriedenheit wird so zum Normalzustand und Dankbarkeit eine Seltenheit. Du findest immer Gründe, um unglücklich zu sein, und möchtest meist selbst die Lorbeeren einheimsen. Du nimmst dich zu wichtig und kannst dich dadurch schlechter in andere hineinversetzen. Du liebst Macht und Kontrolle und empfindest Dienen als lästig. Du denkst zu viel darüber nach, wie du dich fühlst, wie du dich angesichts jener Gefühle fühlst und wie du dich fühlst, wenn andere auf diese Gefühle reagieren. Das Ich gaukelt dir vor, dass du besser Bescheid weißt, als du es tatsächlich tust, während du die Expertise anderer ablehnst. Es redet dir ein, dass deine Erfahrung *die* Erfahrung ist, während du die Erfahrungen anderer abwertest. Dadurch wird alles persönlich: Alles dreht sich auf die eine oder andere Art und Weise um dich. Es führt dazu, dass du viel redest und wenig zuhörst. Du führst ein Leben, das in sich zusammenfällt – was für eine gestörte und unbefriedigende Existenz. Das ist das Gegenteil von dem, wie dein Leben aussehen sollte und wozu du geschaffen wurdest.

Diese traurige Art zu leben nennt man *Egoismus*. Achte darauf, wie ich dieses Wort verwende. Ich meine damit nicht nur, dass du kein sehr großzügiger Mensch bist, weil du alles für dich haben willst. Ich will damit sagen, dass die Motivation für alles in deinem Leben in dir selbst liegt – in deinem Ich, deinem Selbst, deinem »Ego«. Du stehst im Zentrum deiner Welt. Alles, was du tust und sagst, dient nur deinem eigenen Nutzen und Vergnügen. Du selbst bist das, was dich motiviert. Du selbst machst dich glücklich. Du bist dein Ziel. Du bist zutiefst selbstbezogen und von dir selbst beherrscht. Dein ganzer Lebensstil ist selbstbestimmt – unabhängig davon, für wen du dich hältst und was du zu glauben vorgibst.

Es kann gar nicht oft genug gesagt und wiederholt werden (besonders in unserer Zeit), dass es keinen attraktiveren, verführerischeren und trügerischeren Götzen gibt als den *Götzen des Selbst*. Man könnte behaupten, dass jede Missachtung der Gebote, Verpflichtungen und Prinzipien der Heiligen Schrift in der Anbetung des eigenen Ichs verwurzelt und von ihr motiviert ist. Das war der Grund für den ersten Akt des Ungehorsams im Garten Eden und veranlasst uns auch heute noch, Gottes Grenzen zu überschreiten. Deshalb sagt Paulus, dass Jesus gekommen ist, damit die Menschen nicht mehr »sich selbst« leben (vgl. 2 Kor 5,14–15). Wenn wir statt Gott uns selbst anbeten, werden wir einfach nicht so leben, handeln, reagieren und kommunizieren, wie Gott es beabsichtigt und befohlen hat. Wenn wir Gottes Geboten nicht gehorchen, dann verstoßen wir nicht gegen irgendeinen abstrakten Moralkodex, sondern wir zerstören die anbetende Beziehung zu dem Herrn aller Herren, für den wir geschaffen wurden. Jeder Ungehorsam verleugnet Gottes rechtmäßigen Platz und setzt uns selbst an seine Stelle. Deshalb sagte David nach seinem Ehebruch und Mord: »An dir allein habe ich gesündigt und übel vor dir getan« (Ps 51,6). Jeder Akt des Hasses, der Gemeinheit, der Ablehnung, der Respektlosigkeit, der Gewalt, der Vorurteile und der Verletzung eines Ebenbildes Gottes wird durch die Selbstanbetung angefacht und befeuert.

Aber, so fragst du, was hat das mit der Gemeinde zu tun, die doch voller Menschen ist, die ihr Leben dem Herrn übergeben haben? Nun, wenn die DNA der Sünde die Selbstanbetung ist und wenn alle unsere Sünden zwar vergeben, aber noch nicht vollständig getilgt sind, dann wird es in uns immer noch Restbestände der alten Selbstanbetung geben. Wir alle müssen jeden Tag mit der Versuchung des Egoismus kämpfen – sei es, dass wir auf jemanden wütend werden, der uns widersprochen hat, oder dass wir uns über Autofahrer ärgern, die uns im Straßenverkehr behindern, oder dass wir ungeduldig sind, wenn uns unsere Kinder zu ungelegener Zeit beanspruchen, oder dass wir neidisch sind, dass ein Freund Segnungen genießt, die wir selbst gern hätten, oder dass wir einfach das tun, was uns gefällt, anstatt was Gott für richtig erklärt. Solange die Sünde noch in uns lebt, wird auch unter Christen das Problem der Selbstzentriertheit bestehen. Deshalb gibt es so viele Konflikte in der Gemeinde. Bei den wenigsten Auseinandersetzungen geht es nur um biblische oder theologische Streitfragen. Es ist oft Wichtigtuerei, die es uns schwer macht, miteinander zu leben und einander zu dienen. Kleine Ärgernisse, unbedeutende Streitereien, das Streben nach Anerkennung und Kämpfe um Kontrolle behindern das Leben und die Mission, zu der Gott uns berufen hat. Ja, selbst in der Glaubensgemeinschaft kollidiert die Anbetung Gottes mit der Selbstanbetung. Das zeigt sich auch in der destruktiven Kultur der Reaktivität, die in den sozialen Medien und unter Christen herrscht, die eigentlich zu folgendem Lebensstil berufen worden sind: »in aller Demut und Sanftmut, in Geduld. Ertragt einer den andern in Liebe und seid darauf bedacht, zu wahren die Einigkeit im Geist durch das Band des Friedens« (Eph 4,2–3). Wenn wir diesen göttlichen Lebensstil mehr liebten als unseren eigenen, gäbe es diese toxische Kultur nicht mehr.

Jesus wusste, wie es im Herzen derer aussah, die ihm nachfolgen wollten. Deshalb sagte er: »Wer mir folgen will, *der verleugne sich selbst* und nehme sein Kreuz auf sich täglich und folge mir nach« (Lk 9,23). Das grundlegende Gebot des christlichen Lebens ist die Selbstverleugnung. Selbstlosigkeit ist die Basis der christlichen, biblischen Nachfolge. Demut, Sanftmut, Geduld, Dienst- und Vergebungsbereitschaft, Großzügigkeit, Einheit und Liebe erfordern Selbstverleugnung. Ohne Selbstlosigkeit werde ich niemals größere Ziele als meine eigenen verfolgen. Selbstlosigkeit bringt mich dazu, die Dinge in meinem Leben als Ressourcen zu betrachten, um Menschen zu lieben, anstatt Menschen zu benutzen, um Dinge zu bekommen, die ich haben will. Ein solches selbstloses Leben ist ohne die verwandelnde Kraft der Gnade Gottes nicht möglich. Um so zu leben, muss ich von mir selbst erlöst werden – nicht nur einmal, sondern immer wieder. Deshalb sagt Johannes: »Von seiner Fülle haben wir alle genommen Gnade um Gnade« (Joh 1,16). Ich brauche nicht nur eine einmalige Infusion der Gnade, sondern eine beständige geistliche Chemotherapie mit der Gnade Gottes, bis das Krebsgeschwür der Selbstanbetung aus meinem Herzen entfernt ist. Dieser Tag wird kommen, aber bis dahin hoffen wir auf »Gnade um Gnade«. Denk an die Jünger Jesu. Sie hatten alles verlassen, um ihm nachzufolgen, doch gleich nachdem Jesus ihnen von seinem baldigen

Leiden und Sterben erzählt hatte, begannen sie darüber zu streiten, wer der Größte im Reich Gottes ist (vgl. Mk 9,33–37).

Deshalb müssen wir in aller Bescheidenheit ehrlich über die Wurzeln der destruktiven Kultur der Reaktivität sprechen, die in unseren Ortsgemeinden, in der weltweiten Kirche und im Internet herrscht. Die Gespräche, die wir über wichtige kulturelle, politische, theologische, biblische und kirchliche Themen führen müssen, werden finster, verletzend und spaltend, wenn wir uns selbst in den Mittelpunkt stellen. Es erfordert Selbstlosigkeit, geduldig zuzuhören und die Perspektive des anderen zu erwägen. Es erfordert Selbstlosigkeit, liebevoll und respektvoll zu reagieren. Es erfordert Selbstlosigkeit, über den Charakter und die Motive anderer nicht zu urteilen. Es erfordert Selbstlosigkeit, sich mehr um die Reputation deines Erlösers zu sorgen als darum, wie man auf dich reagiert. Man muss selbstlos sein, um mehr Freude am Ermutigen als am Verurteilen zu haben. Man muss selbstlos sein, um zu vergeben, wiederherzustellen und zu versöhnen. Es gehört Selbstlosigkeit dazu, so zu diskutieren, dass die Einheit bewahrt bleibt. Es erfordert Selbstlosigkeit, jemanden, mit dem man nicht einer Meinung ist, als Bruder oder Schwester zu behandeln. Es erfordert Selbstlosigkeit, sich mehr um die Mission des Meisters zu kümmern als um die Zahl meiner Klicks oder Follower. Es gehört Selbstlosigkeit dazu, zuzugeben, dass man sich geirrt, eine Person falsch eingeschätzt oder einen Post missverstanden hat. Und es braucht Gnade, um sich immer selbstlos zu verhalten. Es ist für uns alle an der Zeit, um diese Gnade zu bitten. Und dabei dürfen wir nicht vergessen, dass Gott versprochen hat, uns zu erhören, wenn wir um Gnade bitten.

Die Kultur des Selbst und die destruktive Kultur der Reaktivität

Was passiert mit unseren persönlichen und digitalen Gesprächen, wenn das Ich im Mittelpunkt steht? Sie werden finster und destruktiv. Ich werde in diesem Abschnitt ausführlich beschreiben, wie das geschieht und wie diese Gesprächskultur aussieht.

Die Kultur des Selbst bewirkt, dass die Menschen *zu schnell beleidigt* sind. Wenn du im Mittelpunkt deiner Welt stehst, dreht sich alles um dich. In deinem Leben geht es nur darum, wer dich wahrnimmt und wer nicht, wer dir zustimmt und wer nicht, wer dich respektiert und wer nicht, wie sehr du gehört oder ignoriert wirst, ob deine Seite gewinnt oder nicht oder ob du ernst genommen wirst oder nicht. Das ist pure *Egomanie*. Da sich alles um dich dreht, lauerst du bewusst oder unbewusst ständig darauf, ob man dich beleidigt. Du wirst also unweigerlich das, was nicht persönlich gemeint ist, persönlich nehmen. Daher wird deine Reaktion feindselig ausfallen, worauf der andere in der Regel ebenso reagiert. Dies wird dein Gefühl, persönlich angegriffen worden zu sein, verstärken und deine Einstellung, alles persönlich zu nehmen, nur bestätigen. Da du ständig auf der Lauer liegst, wirst du dich auch grundlos angegriffen und verletzt fühlen. Ein paar gepostete Worte oder ein Gesichtsausdruck von jemandem haben die Macht, dich zu verletzen und zu verärgern. Welch ein Kontrast zu dem Frieden im Herzen und in den Beziehungen, der sich einstellt, wenn es in deinem Leben um die Liebe zu Gott und zum Nächsten geht und nicht nur um dich. Zu dieser Kultur der Selbstlosigkeit sind alle Kinder Gottes berufen.

Weil es im Leben immer nur um dich geht, *wirst du zu sehr in deine eigene Meinung verliebt sein*. Römer 12,3 fordert uns dazu auf, nicht höher von uns selbst zu denken, als es sich gebührt. Viele von uns halten einfach zu viel von dem, was sie denken. Wir sind zu sehr mit dem zufrieden, was wir denken – nicht weil es biblisch ist, sondern weil *wir* es denken. Wir sind viel zu selbstsicher und davon überzeugt, immer recht zu haben. Wir haben viel zu schnell zu allem eine Meinung und denken, alle anderen sollten diese auch teilen. Wir sind zu schnell dabei, uns für weise zu halten und zu denken, wir seien von lauter Menschen umgeben, die es nicht sind. Wir hören uns gern selbst reden und lesen gern unsere eigenen Posts, während wir die Antworten anderer nur ungeduldig ertragen. Weil wir zu sehr in unsere eigene Meinung verliebt sind, fällt es uns schwer, aufmerksam zu sein und etwas zu lernen, was wir nicht schon wissen und auf andere zu hören, die mehr wissen als wir. Wir haben die traurige Tatsache vergessen, dass die Sünde uns alle zu Narren macht und dass wir – solange die Sünde in unseren Herzen wohnt – immer noch Restbestände der Torheit in uns tragen. Wenn wir hingegen über eine selbstlose Einstellung verfügen, dann erkennen wir an, dass es nur einen gibt, der immer und in jeder Hinsicht vollkommen und weise ist, und dass unser Ich täglich durch die Gnade seiner Weisheit gerettet werden muss – ganz gleich, wie lange wir schon zu Jesu Füßen sitzen.

Wenn du im Zentrum deiner Welt stehst und zu sehr in dein eigenes Denken verliebt bist, *fällt es dir schwer, mit Meinungsverschiedenheiten umzugehen*. Ich habe erlebt, wie aktuelle, theologische oder politische Debatten schnell zu hitzigen Auseinandersetzungen eskalieren, die oft persönlich werden. Das sagt viel mehr über die Diskussionsteilnehmer aus als über das strittige Thema. Wenn du ein Gespräch beginnst und daran denkst, dass du immer noch ein sündiger Mensch bist, der sich irren kann, dazulernen muss und ständig Gottes rettende Gnade braucht, wirst du dich auch anderen Meinungen, Perspektiven und Interpretationen gegenüber nicht verschließen. Wenn du an die souveräne und liebevolle Fürsorge deines Erlösers glaubst, wirst du auch offen dafür sein, dass er dir Menschen in den Weg stellt, die dein privates Gespräch unterbrechen, dich zum Nachdenken über Dinge anregen, auf die du allein nie gekommen wärst und die dich zu neuen Einsichten, Erkenntnissen und Entscheidungen führen. Wenn du es für praktisch unmöglich hältst, dass dir eigene Denkfehler unterlaufen, wirst du jede Meinungsverschiedenheit als persönliche Beleidigung auffassen. Anstatt mit Andersdenkenden respektvoll zu diskutieren, wirst du sie persönlich angreifen. Ein selbstloser Mensch ist in seinem Denken dagegen offen für Korrektur. Auch wenn er an einer biblischen Wahrheit festhält, ist er bereit zuzugeben, dass seine Auffassung vielleicht falsch oder unausgewogen ist, und immer bereit, zu lernen und zu wachsen. Verbringe etwas Zeit in den sozialen Medien und du wirst dich fragen, ob es demütige, selbstlose und lernbereite Menschen überhaupt noch gibt.

Wenn du im Zentrum deiner Welt stehst, zu sehr von deiner eigenen Meinung überzeugt und zu selbstsicher bist, *wirst du dazu neigen, keine Korrekturen anzunehmen*. Das ist doch logisch, oder? Wenn du dir sicher bist, fast immer recht zu haben, dann hältst du dich nicht für korrekturbedürftig. Du siehst dich selbst als denjenigen, der andere zu korrigieren hat, und nicht als jemanden, der der Korrektur bedarf. Du wirst ständig – bewusst oder unbewusst – auf der Suche nach der nächsten armen Seele sein, die Korrektur braucht. Dir fehlt die Demut, um zu erkennen, dass dein Charakter und dein Denken noch längst nicht ausgereift sind. Es ist demütigend, zuzugeben, dass du noch nicht perfekt bist und nur durch Gnade einmal zu dem Menschen wirst, den dein Schöpfer und Erlöser sich gedacht hat. Wenn du dich dagegen wehrst, von jemandem korrigiert zu werden, dann ignorierst du nicht nur die betreffende Person – du widerstrebst damit auch der liebevollen, rettenden und erziehenden Gnade deines Erlösers. Das Paradoxe daran ist, dass jene Menschen, die Korrektur ablehnen, sie auch am meisten brauchen. Gott hat den Leib Christi dazu bestimmt, ständig miteinander in Kommunikation zu sein, indem man einander erbaut, ermutigt, tröstet, korrigiert, umlenkt, befähigt und motiviert. Unser Herr, der sich dem Werk der korrigierenden Gnade verschrieben hat, benutzt menschliche Werkzeuge, um dieses Werk fortzusetzen. Wir alle müssen demütig die schonungslosen Worte von Sprüche 12,1 hören und bedenken: »Wer Zucht liebt, der wird klug; aber wer Zurechtweisung hasst, der bleibt ein Narr.«

Eine weitere Dynamik befeuert die destruktive Kommunikation, die wir überall beobachten können: Eine selbstzentrierte Person neigt dazu, *sich mehr auf die Sünde, die Schwäche und das Versagen anderer zu konzentrieren als auf das eigene Fehlverhalten*. Du hast ein großes geistliches Problem, wenn du dich mehr mit fremden als mit eigenen Sünden oder Fehlern beschäftigst, darüber betrübt bist und durch sie motiviert wirst. Fällt es dir allzu leicht, dich über die Charakterschwächen anderer zu ärgern, während du deine eigenen tolerierst? Stört dich die Wut anderer mehr als deine eigene? Schimpfst du über die Vorurteile anderer, während du deine eigenen tolerierst? Weist du gern auf die Ungereimtheiten anderer hin, während du nicht bereit bist, dir deine eigenen bewusst zu machen? Stürzt du dich auf die Schwächen anderer, während du deine eigenen übersiehst? Weist du auf mögliche Irrtümer in anderen theologischen Lagern hin, während du nie bereit bist zu prüfen, wo dein eigenes Lager im Irrtum sein könnte? Machst du andere darauf aufmerksam, wo sie Lernbedarf haben, bist aber selbst nicht bereit, dich belehren zu lassen? Deckst du die Sünden anderer auf, während du deine eigenen verbirgst? Kommst du lieber mit erhobenem Zeigefinger daher als in demütiger Haltung und mit der Bereitschaft, Fehler zu bekennen? Die Kommunikation unter Christen in den sozialen Medien erweckt oft den Eindruck, dass wir schneller mit dem Finger auf andere zeigen und ihnen Schuld zuweisen, als dass wir Fehler und den eigenen Veränderungsbedarf eingestehen und darüber trauern, dass wir Gottes heiligen, gerechten, weisen und liebevollen Maßstäben noch immer nicht entsprechen. Könnte es sein, dass auf einen Großteil der Destruktivität, die unserer digitalen und privaten Kommunikation schadet, diese Fragen Christi in Matthäus 7 zutreffen? »Was siehst du aber den Splitter in deines Bruders Auge und nimmst nicht wahr den Balken in deinem Auge? Oder wie kannst du sagen zu deinem Bruder: Halt, ich will dir den Splitter aus deinem Auge ziehen! – und siehe, ein Balken ist in deinem Auge?« (Mt 7,3–4). Vielleicht könnten wir uns viel besser vor dieser Destruktivität um uns herum schützen, wenn wir praktizierten, wozu uns Vers 5 auffordert: »Du Heuchler, zieh zuerst den Balken aus deinem Auge; danach kannst du sehen und den Splitter aus deines Bruders Auge ziehen.«

Wenn du dich selbst in den Mittelpunkt deines Universums gestellt hast, sei es in der digitalen Welt oder in deinen privaten Beziehungen, *wirst du eher spaltend als verbindend wirken*. Menschen, die sich nur um sich selbst drehen, gehen offensichtlich nicht mit Aufmerksamkeit, Liebe und Wertschätzung mit dem anderen um. Sie haben unrealistische Erwartungen (»Das Leben und die Menschen sollen *mir* dienen.«), sodass sie ständige Enttäuschungen erleben und darüber verärgert sind. Recht zu haben, bestätigt zu werden, auf der Gewinnerseite zu stehen, das Gespräch zu kontrollieren, andere in die Schranken zu weisen und Aufmerksamkeit zu bekommen – all das ist ihnen wichtiger als die Einheit, das Verständnis und die Liebe in ihrer Gemeinschaft zu fördern.

Wenn es im Leben nur um dich geht, führt das nicht zur Einheit. Etwas persönlich zu nehmen, was nicht so gemeint ist, führt nicht zur Einheit. Feindselige Reaktionen führen nicht zur Einheit. Meinungsverschiedenheiten nicht ertragen zu können, führt nicht zur Einheit. Sich der Korrektur zu widersetzen, führt nicht zur Einheit. Wenn du zu sehr aufs Gewinnen aus bist, führt das nicht zur Einheit. Der Schlüssel zur Einheit, die die Bibel als wertvolle und wesentliche Eigenschaft der Glaubensfamilie darstellt, ist Selbstlosigkeit. Die beste Beschreibung davon finden wir in Epheser 4:

> **»So ermahne ich euch nun, ich, der Gefangene in dem Herrn, dass ihr der Berufung würdig lebt, mit der ihr berufen seid, in aller Demut und Sanftmut, in Geduld. Ertragt einer den andern in Liebe und seid darauf bedacht, zu wahren die Einigkeit im Geist durch das Band des Friedens: ein Leib und ein Geist, wie ihr auch berufen seid zu einer Hoffnung eurer Berufung; ein Herr, ein Glaube, eine Taufe; ein Gott und Vater aller, der da ist über allen und durch alle und in allen ... bis wir alle hingelangen zur Einheit des Glaubens und der Erkenntnis des Sohnes Gottes, zum vollendeten Menschen, zum vollen Maß der Fülle Christi, damit wir nicht mehr unmündig seien und uns von jedem Wind einer Lehre bewegen und umhertreiben lassen durch das trügerische Würfeln der Menschen, mit dem sie uns arglistig verführen. Lasst uns aber wahrhaftig sein in der Liebe und wachsen in allen Stücken zu dem hin, der das Haupt ist, Christus. Von ihm aus wird der ganze Leib zusammengefügt und zusammengehalten durch jede Verbindung, die den Leib nährt mit der Kraft, die einem jeden Teil zugemessen ist. So wächst der Leib und erbaut sich selbst in der Liebe.«**
>
> **EPH 4,1-6.13-16**

Wir müssen hier beachten, dass in diesem Abschnitt von zwei Einheiten die Rede ist: die Einheit im Geist (vgl. 4,3) und die Einheit des Glaubens (vgl. 4,13). Wenn wir die zweite Einheit erreichen möchten, müssen wir zuvor die erste schützen und bewahren. Die Einheit im Geist ist das göttlich geschaffene geistliche Band, das dich und mich mit allen anderen Gläubigen verbindet. Das bedeutet, dass kein Bruder und keine Schwester in Christus jemals als Feind angesehen werden darf. Ganz gleich, wie sehr wir auch anderer Meinung sein mögen – durch den souveränen Erlösungsplan Gottes gehören wir zur selben Familie und sind als Glieder eines Leibes miteinander verbunden. Derselbe Geist, der jetzt in dir lebt, lebt auch in mir. In den ersten Versen dieses Abschnitts werden wir aufgerufen, diese Einheit nicht zu beschädigen. Wie funktioniert das? Die Antwort lautet: durch ein selbstloses Leben. Selbstzentriertheit stört und beschädigt immer die Einheit.

Wie sieht ein solch selbstloser Lebensstil aus? Selbstlos zu sein bedeutet, sich für Demut, Sanftmut, Geduld, Nachsicht und Frieden zu entscheiden. Wenn die Christen sowohl in der digitalen Welt als auch in ihren privaten Beziehungen dementsprechend miteinander kommunizieren würden, gäbe es diese destruktive Kultur der Reaktivität nicht mehr. Ja, wir haben noch einen langen Weg vor uns, bis wir in Glaubensdingen auch nur den Anschein von Einheit erwecken. Aber der einzige Weg dorthin führt über eine selbstlose, die Einheit bewahrende Lebensweise, zu der uns dieser Abschnitt aufruft. Beachte die Weisheit, die im zweiten Teil des Textes liegt, in dem wir aufgefordert werden, die Wahrheit in Liebe zu sagen. Wenn wir gemeinsam zur Wahrheit gelangen, sie vollständig verstehen und umfassend anwenden wollen, können wir das nur durch die Liebe. Die Wahrheit, die nicht in Liebe gesprochen wird, hört auf, Wahrheit zu sein, weil sie durch andere Gefühle und Absichten verbogen, verdreht und verzerrt wird.

Wenn ich zwei Menschen etwas sehr Problematisches zu sagen habe, wobei der eine sich von mir angegriffen fühlt und der andere weiß, dass ich ihn liebe – welcher von beiden wird mir eher zuhören und bedenken, was ich ihm sage? Die Antwort liegt doch auf der Hand, oder? Wenn du ein Kind Gottes bist und eine Bibel zur Hand hast, brauchst du keine Gebrauchsanweisung, die dir sagt, wie du in den sozialen Medien interagieren, reagieren und kommunizieren sollst. Das Evangelium ist dein Maßstab und Epheser 4 ist dein Leitfaden. Aber hier liegt das Problem. Solange noch Sünde in uns ist, wird die Selbstzentriertheit eine große Versuchung bleiben, und ein selbstloses, auf andere ausgerichtetes

Leben wird manchmal unserer Intuition zuwiderlaufen. Daher sollten wir uns erst einmal eingestehen, dass die Einheit im Geist nicht immer unsere erste Priorität ist. Manchmal wollen wir einfach nur bestätigt werden, uns selbst verteidigen, uns schützen oder den Sieg davontragen. Manchmal fehlt es uns an demütiger Sanftmut. Oft sind wir getrieben, wütend und ungeduldig. Häufig ist uns der Friede nicht wichtig. Und oft gelingt es uns nicht, die Wahrheit in Liebe zu sagen. Kein Wunder, dass wir eine so verstörte und gespaltene Gemeinschaft sind. Wenn du all das bekennst, dann schrei nach der Gnade, die dir in Christus zuteilwird. Bete um Rettung – nicht vor den Menschen, von denen du denkst, dass sie zutiefst im Unrecht sind oder auf die du zornig bist. Bete vielmehr dafür, dass du durch die Gnade von dir selbst gerettet wirst, d. h. von deiner Selbstsucht, die noch in deinem Herzen wohnt. Und dann denk jedes Mal an Epheser 4, wenn du auf Facebook, X, Instagram oder TikTok gehst. Gott wird geehrt und es geschehen gute Dinge, wenn seine Kinder demütig miteinander leben und kommunizieren und bereit sind, das wunderbare Band zwischen sich zu schützen, das er allein geschaffen hat.

9

Grenzen

Demut ist überzeugender als Stolz. Geduld ist stärker als gereizte Ungeduld. Eine sanfte Antwort verändert mehr als laute und wütende Reaktionen. Wenn ich bereit bin zuzuhören, bewirkt dies mehr Gutes, als wenn ich den Anspruch habe, gehört zu werden. Vergebung ist stärker als Bitterkeit. Liebe bringt unendlich bessere Früchte hervor als Hass. Frieden stiften bewirkt mehr Gutes als Kriegstreiberei. Gnade siegt über Gericht.

Die Bibel macht deutlich, dass du etwas tun kannst, um als Gottes Werkzeug Veränderungen zu bewirken. Du kannst dich so verhalten, dass du die Chance hast, gehört zu werden. Wenn du glaubst, dass es Gott gibt, dass er uns die Wahrheit offenbart hat und dass es die Mächte des Bösen und der Lüge gibt, dann solltest du auch den Wunsch haben, dass andere erfahren, was wahr und was falsch ist. Du solltest dich mit den Menschen in deinem Umfeld und der Kultur, in der du lebst, beschäftigen und darauf achten, was dort geglaubt wird. Du solltest dich um die Herzen, die Seelen und das Leben der Menschen kümmern. Du solltest dich nicht in deinen sicheren kleinen christlichen Kokon zurückziehen und nur in der Blase gleichgesinnter Freunde leben. Du solltest dich in der Welt engagieren und dich an dem immerwährenden Gespräch beteiligen, mit dem Gott seine Gemeinde reifen lassen und läutern möchte. Der Ausstieg aus der Welt ist in der Bibel keine Option.

Ja, du solltest im Evangelium gegründete Charaktereigenschaften entwickeln und Entscheidungen treffen – aber eines darfst du auf keinen Fall vergessen: Bei allem Engagement musst du dir als Kind Gottes schnell und demütig deine Grenzen eingestehen. Du und ich können niemandes Herz verändern. Wenn du das Herz eines anderen Menschen durch deine überzeugende Logik, deine Wortgewandtheit, deine sture Beharrlichkeit, deine starke Persönlichkeit, deine einschüchternden Drohungen, deine Machtposition oder deinen großen Einfluss ändern könntest, dann wären das Leben, der Tod und die Auferstehung Jesu sowie die innewohnende Gegenwart des Heiligen Geistes nicht notwendig gewesen. Du und ich können niemals Veränderung bewirken. Wir sind immer nur Werkzeuge in der Hand dessen, der allein die Macht hat, die einzige menschliche Veränderung zu schaffen, die von Dauer ist – die Veränderung des Herzens. Wenn du deine Grenzen vergisst oder verleugnest, wirst du am Ende Dinge tun und sagen, die du nicht tun oder sagen solltest und nichts von dem erreichen, was du wolltest. Wenn du dir die Macht und Kontrolle über andere Menschen aneignen willst, die allein Gott zusteht, führt das nie zu etwas Gutem. Je mehr ich mich mit den sozialen Medien beschäftige, desto mehr bin ich davon überzeugt, dass ein Großteil der dort herrschenden irrsinnigen Destruktivität daher kommt, dass Menschen ihre Grenzen verleugnen oder vergessen.

Wenn du die destruktive, von Reaktivität geprägte Kultur in deiner Umgebung und unter den Christen überwinden willst, dann musst du beginnen, dir demütig deine Grenzen einzugestehen. Wir alle neigen dazu, unsere Begrenzungen zu vergessen und uns anzumaßen, etwas zu vollbringen, was nur Gott tun kann. Vielleicht bist du als Elternteil dem Irrtum erlegen, dass du mit einer lauteren Stimme das Herz eines deiner Kinder verändern kannst. Vielleicht führt deine Kurzsichtigkeit dazu, dass du mit stolzen Worten die Logik von jemandem zerstörst, den du zu gewinnen versuchst. Oder vielleicht bist du versucht, dir jemandes Loyalität zu erkaufen oder jemanden durch eine Drohung im Zaum zu halten. In jedem dieser Beispiele hast du dir angemaßt, etwas zu tun, wozu nur Gott fähig ist: das Herz eines anderen Menschen zu verändern. Unsere Bemühungen allein führen nie dauerhaft zu dem, was wir erhoffen.

Es ist von entscheidender Bedeutung, dass wir in allen unseren Reaktionen, Interaktionen und Antworten einander unsere Begrenzungen eingestehen. Wenn wir das täten, wäre ein Großteil der beschämenden, destruktiven Kommunikation unter Christen verschwunden. Im Folgenden möchte ich dies näher erläutern, indem ich die Grenzen aufzähle, die wir alle haben und solange haben werden, bis wir in der Ewigkeit angekommen sind.

Begrenzte Heiligkeit

Eine vom Evangelium geprägte Sichtweise ist hier unglaublich hilfreich. Ja, wir sind aufgrund der Gerechtigkeit und des Opfers Jesu Christi für vollkommen gerecht erklärt worden. Wir stehen vor Gott als Gerechte, aber wir sind nicht vollkommen rechtschaffen. Wir sind erst *im Prozess*, rechtschaffen zu werden. Durch die Kraft der heilig machenden Gnade Gottes werden wir verwandelt, sind aber noch nicht am Ziel. Die Sünde mit ihrer moralischen Unreinheit und ihrer Neigung zur Rebellion ist immer noch vorhanden. Wir haben nicht immer gottgefällige Gedanken. Wir wollen nicht immer das, was Gott will. Unsere Motive sind nie ganz rein, sondern stets vermischt. Wir sind immer noch fähig zu Stolz, Hass und Habgier. Manchmal erscheint uns die Sünde attraktiver als der Gehorsam. Da wir noch an einer gewissen geistlichen Blindheit leiden, haben wir auch keine klare Selbsterkenntnis. Deshalb ist der Kampf um die Vorherrschaft in unseren Herzen noch nicht beendet.

Unsere spontanen Impulse werden also nicht in jedem Fall richtig sein. Es sind auch nicht immer reine Wünsche, die steuern, was wir in die Tastatur tippen. Wir werden versucht sein, Worte eher als Waffen anstatt als Werkzeuge der Gnade zu benutzen. Es wird Zeiten geben, in denen wir lieber reden als zuhören. Wir werden uns dazu verleiten lassen, zu denken, es sei besser, zu verurteilen, obwohl eher Barmherzigkeit angebracht wäre. Wir werden versucht sein, andere auf Dinge aufmerksam zu machen, die wir bei uns selbst tolerieren. Wir werden versucht sein, mehr Freude daran zu haben, jemanden fertig zu machen, als ihm zu helfen. Wir werden versucht sein, diejenigen, die nicht unsere Meinung teilen, als Feinde zu betrachten und nicht als Familienangehörige. Wir werden versucht sein, davon auszugehen, recht zu haben, während wir die Erkenntnisse und Motive anderer beurteilen. Wir werden versucht sein, das, was nicht persönlich ist, persönlich zu nehmen und aus persönlicher Verletzung heraus zu reagieren. Solange die Sünde in uns lebt, sind wir alle anfällig für diese Versuchungen. Deshalb ist es so wichtig, sich daran zu erinnern, dass man noch nicht am Ziel ist, dass man die Schule der Gnade Gottes noch nicht abgeschlossen hat und dass man immer noch seine vergebende, rettende und stärkende Gnade braucht. Möge jede unserer Reaktionen widerspiegeln, dass wir uns unserer begrenzten Gerechtigkeit bewusst sind.

Begrenztes Wissen

Ich habe erst kürzlich die Erfahrung machen müssen, wie begrenzt mein Wissen ist. Im vergangenen Jahr habe ich ein Buch über zwölf zentrale Lehren des Evangeliums geschrieben.[2] Dabei ging es mir nicht nur darum, diese wunderbaren Wahrheiten zu definieren und zu erklären, sondern auch darum, zu beschreiben, wie sie alles, was wir tun und sagen, prägen sollen. Dieses Projekt erwies sich als eine zutiefst demütigende Erfahrung. Zunächst musste ich nämlich erkennen, dass es mir viel leichter fällt, diese Wahrheiten zu lehren, als sie zu leben. Es gab eine bestimmte Sache, die mich immer wieder herausgefordert und veranlasst hat, beständig um Hilfe zu bitten. Ich erkannte, wie viel von dem, was ich zu wissen glaubte, mir eigentlich verborgen war. Gottes Wahrheit ist ein bodenloser Ozean der Herrlichkeit. Du und ich können für den Rest unseres Lebens immer tiefer schwimmen und werden nie auch nur annähernd ihren Grund erreichen. Bis in alle Ewigkeit werden wir in die Herrlichkeit von Gottes Wahrheit eintauchen und niemals ihre Tiefe ermessen. Daher müssen wir demütig unsere stolze theologische Rechthaberei aufgeben und bereitwillig anerkennen, nicht alles zu wissen. Wir müssen bereit sein, einander mit einem empfänglichen Herzen zu begegnen, das bereit ist, immer wieder Neues zu lernen und ein vertieftes Verständnis dessen zu gewinnen, was wir bereits wissen. Es gibt zu viele theologische Besserwisser in den sozialen Medien, die sich nur auf diesen Seiten tummeln, um ihr lehrmäßiges Können zur Schau zu stellen, indem sie die theologischen Bemerkungen eines Bruders oder einer Schwester in Christus spöttisch korrigieren. Das sind keine freundlichen Verteidigungsreden aus Liebe zu Gottes Wahrheit, sondern ein hochmütiges Heruntermachen aus reiner Selbstliebe.

2 *Do You Believe? 12 Historic Doctrines to Change Your Everyday Life*, Wheaton: Crossway, 2021.

Wir müssen dabei aber noch etwas anderes bedenken. Wenn du ein Experte in einem bestimmten Bereich bist, heißt das nicht, dass du auch Experte in allen anderen Bereichen bist. Wenn du ein Pastor bist, auf einer Bibelschule warst oder Theologie studiert hast, verfügst du vielleicht über theologisches Fachwissen. Dabei solltest du aber nie vergessen, dass auch dieses begrenzt ist. Du bist daher gut beraten, keine hochtrabenden Reden über Epidemiologie, Sozialtheorien, politische Philosophie, Wissenschaft, Medizin oder andere Gebiete zu halten, die nicht zu deiner Fachkompetenz gehören. Wir alle brauchen Experten. Niemand kann Experte für alles sein. Es ist schmerzlich zu sehen, wenn Brüder und Schwestern mit autoritärer Attitüde über Themen sprechen, für die sie keine Ausbildung und wenig Fachwissen haben. Es ist verlockend zu glauben, man wisse mehr, als man tatsächlich weiß. Auch ist es verlockend, Menschen, von denen man glaubt, sie wüssten nichts von dem, was man selbst zu wissen glaubt, von oben herab zu behandeln. Ein Großteil der destruktiven Kommunikation würde verschwinden, wenn wir uns eingestehen würden, immer lernbereit sein zu müssen, und wenn wir uns selbst daran erinnern würden, mit unserer Ausbildung und Expertise nie fertig zu sein. Gestehe dir demütig dein begrenztes Wissen und deine eingeschränkte Sachverständigkeit ein, wenn du versucht bist, deine Ansicht zu einem Thema zu posten oder auf die Meinungen anderer einzugehen.

Begrenzte Erfahrung

Meine liebe Frau Luella und ich haben über die vergangenen Jahre eine einschneidende Erfahrung gemacht. Es war eines dieser Erlebnisse, das einem zeigt, wie groß Gottes Welt und wie begrenzt das eigene Erleben ist. Wir mussten gar nicht um die Welt reisen, um mit der Begrenztheit unserer Lebenserfahrung konfrontiert zu werden. Es reichte, nur ein paar Kilometer von unserem Zuhause im Zentrum von Philadelphia unterwegs zu sein. Damals begannen wir, eine Kirche mit einem schwarzen Pastor zu besuchen, deren Mitglieder zu 80 Prozent schwarz sind. Es war ein wunderbares, augenöffnendes und demütigendes Erlebnis. Wenn man leugnet, dass die eigene Erfahrung begrenzt ist, hält man sie leicht für das Maß aller Dinge. Weil man so denkt, fragt und forscht man nicht nach und erfährt auch nicht, wie sehr sich die Erfahrung anderer von der eigenen unterscheidet. Alle erdenklichen Missverständnisse und Verletzungen folgen daraus, dass man fälschlicherweise davon ausgeht, dass jeder die gleichen Erfahrungen macht. Als Luella und ich unsere schwarzen Brüder und Schwestern baten, uns ihre Geschichten zu erzählen, wir ihnen zuhörten und es zuließen, dass unsere Mutmaßungen mit der Wirklichkeit konfrontiert wurden, wurde uns klar, wie falsch viele unserer Annahmen gewesen waren.

Ja, es gibt so viel Menschliches, das wir alle gemeinsam haben, und so viel vom Evangelium, das alle Christen gemeinsam feiern. Dennoch ist es einfach nicht dasselbe, als weißer Junge in Toledo (Ohio) und als farbiger Junge in der Innenstadt von Philadelphia (Pennsylvania) aufzuwachsen. Ich wurde immer wieder damit konfrontiert, wie falsch meine Annahmen gewesen waren, und ich bedauerte viele der wertenden Dinge, die ich im Laufe der Jahre gedacht oder gesagt hatte, weil ich immer von ähnlichen Erfahrungen ausgegangen war. Wir müssen uns mehr bemühen, die Welt der anderen mit einem demütigen Herzen kennenzulernen, das sie genug liebt, um ihnen lernbegierig zuzuhören und sie besser zu verstehen. Wir müssen die Geschichten anderer wertschätzen, weil wir an denjenigen glauben und den anbeten, der Autor dieser Geschichten ist. Ein Großteil der destruktiven Kultur der Reaktivität in den sozialen Medien wird durch die hochmütige Annahme genährt, dass unsere Erfahrungen alle ähnlich sind, und durch Abwehrreaktionen auf Menschen, die sagen, dass ihre Erfahrungen sich stark von den unseren unterscheiden. Lieber

Pastor, die Frauen in deiner Gemeinde haben nicht dieselben Erfahrungen mit deiner Gemeinde gemacht wie du oder andere Männer. Du solltest bereit sein, dir die Geschichten der Frauen in deiner Gemeinde anzuhören. Ihr Mütter, eure Kinder haben nicht dieselben Erfahrungen in eurer Familie gemacht wie du und dein Mann. Ihr müsst für eure Kinder einen sicheren Raum schaffen, in dem sie offen über ihr Familienleben sprechen können. Lieber Vorgesetzter, deine Mitarbeiter haben nicht die gleichen Erfahrungen mit deinem Unternehmen gemacht wie du. Finanziell abgesicherte Menschen haben ein anderes Leben als Arme. Kranke Menschen machen ganz andere Erfahrungen als starke und gesunde Menschen. Wie wäre es, wenn du dich, bevor du reagierst, liebevoll fragst: »Wer ist diese Person, der ich jetzt antworten will, wie ist ihr Leben verlaufen, und was erlebt sie gerade?«

Begrenzte Weisheit

Ich bin gerade dabei, eine Serie von wöchentlichen fünfminütigen Videos über das Buch der Sprüche zu erstellen. In jedem Video fasse ich eines der vielen Weisheitsthemen zusammen, die in diesem erstaunlichen Bibelbuch behandelt werden. Ich bin überwältigt von der Tiefe und Herrlichkeit der Weisheit Gottes. Das hat in mir eine nie gekannte Leidenschaft dafür entfacht, wirklich weise zu sein und zu handeln. Die Bibel hat so viel über Weisheit zu sagen – nicht nur darüber, was Weisheit ist, sondern auch darüber, wie man weise handelt. Die Menschen neigen dazu, Wissen mit Weisheit zu verwechseln. Ich war zwanzig Jahre lang Theologieprofessor. Als meine Studenten zu mir in den Unterricht kamen, hatten sie sich zwar schon eine Menge Wissen angeeignet, aber nur wenige von ihnen waren wirklich weise. Woher ich das weiß? Wenn ich sie aufforderte, ihr Wissen anhand eines Fallbeispiels auf eine bestimmte Situation anzuwenden, konnten sie das meistens nicht. Sie hatten keine Probleme, Prüfungen über die biblische Lehre zu bestehen, waren aber nicht in der Lage, Lehraussagen auf schwierige Lebenssituationen in dieser gefallenen Welt anzuwenden.

Darin besteht Weisheit – in der Fähigkeit, die Wahrheiten von Gottes Wort konkret auf die Situationen, Orte und Beziehungen des täglichen Lebens anzuwenden. Wissen ist eine Art zu denken. Weisheit ist eine Art zu leben. Wissen denkt darüber nach, was wahr ist. Weisheit entscheidet, was zu tun ist. Wissen ist eine Herzens- und Verstandesentscheidung bezüglich einer Reihe von Wahrheiten. Weisheit ist eine Lebensentscheidung über alles, was man ist und hat. Wissen richtet deine gedanklichen Fähigkeiten an der Offenbarung Gottes aus. Weisheit unterstellt dein Leben seinem Willen, seinem Weg und seiner Herrlichkeit. Weisheit kann nicht ohne Wissen existieren, und Wissen ist unvollständig, wenn es nicht mit Weisheit angewandt wird. Bibelwissen war nie als Selbstzweck gedacht, sondern als Mittel zum Zweck: einem weisen, gottgefälligen Leben. Die Weisheit ist sich bewusst, dass jede Erkenntnis, jedes Gebot, jede Wahrheit, jeder Grundsatz, jede Lehre und jede Verheißung der Heiligen Schrift eine bestimmte Lebenskultur mit sich bringt. Die Weisheit erkennt, dass man nicht wirklich weiß, was man weiß, solange man dieses Wissen nicht auslebt.

Wer weise sein möchte, sollte Folgendes beachten: Weisheit zu erlangen ist kein einmaliges Ereignis, sondern ein lebenslanger Prozess. Wir müssen demütig zugeben, dass wir uns, was Weisheit betrifft, stets im Werden befinden. Ich danke Gott, dass ich weiser bin als früher und dass ich eines Tages weiser sein werde, als ich es jetzt bin. Du und ich werden nie bis an die äußersten Grenzen der Weisheit Gottes vordringen, egal wie lange wir mit ihm unterwegs sind. Die Tatsache, dass ich noch dabei bin, weise zu werden, bedeutet auch, dass ich immer noch fähig bin, törichte Dinge zu tun. Immer wieder lese ich in den sozialen Medien die Kommentare von Menschen, die sich für ziemlich klug halten, in Wirklichkeit aber recht töricht reagieren. Die Weisheit ist demütig, freundlich, sanft, geduldig, verständnisvoll, großzügig, nachsichtig, gerecht, handelt lieber barmherzig als verurteilend, schätzt den Charakter und die Ehre Gottes mehr als den Sieg, sucht sich keine Feinde, sondern macht sich viele Freunde, und stellt niemals ihre Weisheit zur Schau.

Bevor wir antworten, sollten wir uns eingestehen, dass wir noch nicht wirklich weise und immer noch in der Lage sind, einen Narren aus uns zu machen. Die destruktive Kultur der Reaktivität, die wir täglich erleben, resultiert aus falscher Weisheit. Es ist Wissenshochmut, gepaart mit Kommunikationsfähigkeit, der sich hier als Weisheit ausgibt, ohne jedoch das zu tun oder zu bewirken, was Weisheit kann. Man behauptet oft, Gottes Wahrheit zu verteidigen, jedoch auf eine Art und Weise, die ihm nicht zur Ehre gereicht. Man behauptet, Gott zu lieben, behandelt aber Brüder und Schwestern wie Feinde. Weisheit, der es an geduldiger Demut und vergebender Liebe mangelt, ist eine »Weisheit«, die nicht wirklich weise ist. Gott beschenkt uns mit seiner Weisheit und macht uns durch seine Gnade weise. Wir sollten uns an die Worte aus Sprüche 4,7–9 erinnern:

> **»Denn der Weisheit Anfang ist: Erwirb Weisheit und erwirb Einsicht mit allem, was du hast. Achte sie hoch, so wird sie dich erhöhen und wird dich zu Ehren bringen, wenn du sie herzest. Sie wird dein Haupt schön schmücken und wird dich zieren mit einer prächtigen Krone.«**

Lebe, reagiere, antworte und bete wie ein Mensch, der Weisheit braucht. Das wird dein ganzes Verhalten verändern und gute Früchte hervorbringen.

Begrenzte Gaben und Fähigkeiten

In meinem Dienst bin ich mir meiner begrenzten Gaben klar bewusst geworden. Ich bin dankbar für die Gaben, die Gott mir gegeben hat, aber ich habe erkannt, dass ich nicht für alles begabt bin. Gott hat mir die Gabe gegeben, zu lehren, zu predigen, Seelsorge zu leisten und zu schreiben, aber ich bin kein Verwalter. Deshalb habe ich mich mit Menschen umgeben, die klüger sind als ich, und ich versuche, jedem einzelnen immer wieder zu sagen, wie sehr ich ihn wertschätze, respektiere und anerkenne. Ich könnte das, wozu Gott mich berufen hat, nicht ohne ihren Dienst, ihren Rat und ihre Anleitung tun. So hat Gott es gewollt. Keiner von uns soll unabhängig von anderen funktionieren. Der Mensch ist auf Gemeinschaft angelegt. Jeder von uns ist auf den Beitrag anderer angewiesen, um seine Bestimmung erfüllen zu können. Das Bild, das der Apostel Paulus dafür verwendet, ist der physische Körper (vgl. 1 Kor 12). Jeder Teil des Leibes ist von den anderen Teilen abhängig. Jeder Teil muss seine Aufgabe erfüllen, damit die anderen Teile dies auch können. Kein Teil des Leibes funktioniert für sich allein. Das bedeutet, dass der Leib Christi nur dann seine Aufgaben wahrnehmen kann, wie Gott es geplant hat, wenn wir uns die Begrenztheit unserer Gaben demütig eingestehen und bescheiden und dankbar unsere Abhängigkeit von den Gaben anderer erkennen.

Wenn du glaubst, dass Gott diese gegenseitige Abhängigkeit möchte, dann zerstörst du keine Beziehung, um deine Ansicht durchzusetzen. Du machst dir niemanden zum Feind, der nicht dein Feind ist. Du machst dich nicht öffentlich über jemanden lustig, den du respektieren solltest. Du sortierst andere nicht in gegnerische Gruppen ein. Du verachtest die Beiträge anderer nicht. Du tust nie etwas in der Absicht, anderen zu schaden. Du bist nicht schnell dabei, den Charakter einer Person infrage zu stellen oder ihre Motive zu beurteilen. Du schätzt digitale Follower nicht mehr als deine Freunde. Wenn du anerkennst, dass deine Gaben begrenzt sind und du andere Menschen brauchst, dann wirst du diese – persönlich oder online – mit Respekt, Wertschätzung, Dankbarkeit und Liebe behandeln. Du wirst schnell bereit sein, zu hören, dir beim Antworten aber Zeit lassen. Du wirst Meinungsverschiedenheiten so austragen, dass deine Beziehungen gestärkt werden. Du wirst Menschen bitten, ihre Meinung zu äußern und ihre Beiträge dankbar annehmen. Keiner von uns hat alles, und wir alle brauchen einander. Die Kommunikation in den sozialen Medien würde sich radikal verändern, wenn wir dies alle glauben und einander auch so behandeln würden.

Begrenzte Zeit

Als Steve Jobs für die Allgegenwart mobiler Bildschirme sorgte, veränderte das die ganze Kultur. Wir haben jetzt ein Werkzeug in unseren Taschen, das so unglaublich leistungsfähig ist, dass man es vor vierzig Jahren noch als Science-Fiction bezeichnet hätte. Mit unseren Handys kam das Internet, und mit ihm kamen Google, E-Mail, Facebook, Instagram, TikTok, X und Zehntausende Apps, die unsere Zeit und Aufmerksamkeit in Anspruch nehmen. Wir gehen nirgendwo mehr hin, ohne diese mächtigen und verführerischen Geräte. Sie begrüßen uns morgens und lassen uns nachts einschlafen. Sie lenken uns ständig ab und unterbrechen alles, was wir tun. Unsere Handys sind machtvolle Werkzeuge für gute Zwecke, aber sie kontrollieren uns zu sehr. Die ständige mobile Erreichbarkeit gaukelt uns vor, dass wir etwas brauchen, was wir in Wirklichkeit nicht nötig haben, und dass wir Dinge tun müssen, die ebenso überflüssig sind. Nichts hat die menschliche Kultur im letzten Jahrzehnt so dramatisch verändert wie diese Geräte. Ihr Einfluss hat unser gesamtes Leben verändert.

Deshalb ist das Folgende so wichtig. Nach Gottes gutem und weisem Plan haben du und ich nur eine begrenzte Zeit zur Verfügung. Du wirst niemals eine Zehntagewoche oder einen 32-Stunden-Tag haben. Du und ich haben nicht die Möglichkeit, die Grenzen zu überschreiten, die Gott uns gesetzt hat. Wenn also etwas in dein Leben tritt, das mächtig, attraktiv und verführerisch ist und einen Großteil deiner Zeit in Anspruch nimmt, dann wird diese Zeit von etwas anderem in deinem Leben abgezogen. Wenn dich dein Job immer mehr Zeit kostet, dann wirst du weniger Zeit für deine Familie, deine Freunde oder deinen Dienst in der Gemeinde haben. Das gilt auch für unsere Geräte und die sozialen Medien, die uns magnetisch anzuziehen und zu fesseln scheinen. Die Stunden, die wir mit Scrollen verbringen, fehlen uns dann für unsere Ehepartner, unsere Kinder, unsere Andachten, unsere Brüder und Schwestern in Christus und so weiter und so fort. Wenn wir die unzähligen Stunden betrachten, die wir in den sozialen Medien verbringen, ist die investierte Zeit gestohlene Zeit. Ich bin davon überzeugt, dass diese toxische Kommunikationskultur uns erfasst hat, weil die digitale Welt uns zu wertvoll geworden ist. In den Momenten, in denen wir uns für alles engagieren könnten, zu dem Gott uns berufen hat, denken wir über unnötige Dinge nach und sind versucht, auf ungute Weise zu reagieren. Möge die ständige Anwesenheit deines Handys dich daran erinnern, dass du nur über eine begrenzte Zeit verfügst. Mögen wir alle lernen, »Nein« zu sagen und uns erneut vornehmen, Zeit in Dinge zu investieren, von denen Gott sagt, dass sie bleibenden Wert haben.

*

Wir leben mit einer Vielzahl von Grenzen, die uns Gott in seiner Weisheit, Güte und Liebe gesetzt hat. Es ist nie gut, wenn wir versuchen, diese Grenzen zu überschreiten. Mit ruhigem Herzen können wir diese Grenzen respektieren, denn wir kennen denjenigen, der sie festgelegt hat und wir wissen, dass alle seine Wege richtig und wahr sind. Diese göttlichen Grenzen sind zu unserem Schutz da. Sie bewahren uns davor, der Versuchung nachzugeben, etwas zu tun, was nur er tun kann, oder Dinge zu sagen, die wir nicht sagen sollten. Wir dürfen niemals vergessen, dass Gott ständig für uns, durch uns und in uns das tut, was wir aufgrund unserer Begrenzungen weder für uns noch für andere tun können. Bevor du also eine Antwort postest oder einen Text schreibst, halte inne und denke an die Grenzen deiner Heiligkeit, deines Wissens, deiner Erfahrung, deiner Weisheit, deiner Gaben und deiner Zeit. Am Ende wirst du Gott dankbar sein, es getan zu haben.

10

Werte

Du und ich tun es jeden Tag, wohl hundertmal. Wir können es gar nicht verhindern, denn wir wurden so geschaffen. Was wir uns wünschen, was wir wählen, wie wir entscheiden, wie wir reagieren, worauf wir unsere Hoffnungen und Träume richten, wo wir uns engagieren, worüber wir Enttäuschung und Ärger empfinden, wobei wir durchhalten und wann wir aufgeben – all das wird von dieser einen Sache bestimmt. Sie führt dazu, dass wir uns voneinander abspalten und in Gruppierungen aufteilen. Sie veranlasst uns, einige Menschen zu vergöttern und andere zu bedauern. Jeden Tag, und zwar mehr als uns bewusst ist, *messen wir den Dingen einen Wert bei*. Jeden Tag agieren und reagieren wir aufgrund dessen, was wir für wichtig und für unwichtig halten. Wir alle sind wertorientierte, zweckorientierte, bedeutungsorientierte, zielorientierte Menschen. Alles, was wir tun und sagen, tun und sagen wir in der Absicht, das zu erreichen, was für uns wertvoll ist. Zwischen dem »schon jetzt« und dem »noch nicht« leben wir alle in einem Wertekampf. Verschiedene Wertesysteme locken und zerren an uns. Wir werden die Bedeutung und den Kampf um die Werte erst dann verstehen, wenn wir begreifen, dass es bei diesem Kampf nicht nur um konkurrierende Wertesysteme geht, sondern um Anbetung.

Ich bin überwältigt von der tiefen Einsicht, die in Gottes Wort zu finden ist, und wie anders unsere Lebensprobleme dort beurteilt werden. Das finden wir nirgendwo sonst. Die Bibel bietet uns eine tiefgründige Analyse des Menschen und der Beweggründe seines Handelns. Sie ist alles andere als einfach, sondern vielschichtig und in der Lage, die Komplexität der menschlichen Motivation und des menschlichen Verhaltens zu erfassen. Wir täten gut daran, die verlässliche Diagnose der Heiligen Schrift nicht für andere Analysen aufzugeben, die nicht zum Kern dessen vordringen, was falsch läuft. Wenn es um unsere persönlichen Wertesysteme geht, hat die Bibel eine Menge zu bieten. Dieses Thema ist von besonderer Bedeutung für dieses Buch, denn hinter der destruktiven Kultur der Reaktivität verbergen sich tief verwurzelte Werte, die unser Denken und unsere Reaktionen beeinflussen.

Anbetung und Werte

Die Überzeugungen, die unser Verhalten bestimmen, wurzeln nicht so sehr in den anerzogenen Familienwerten oder dem kulturellen Wertesystem – obwohl auch sie eine gewichtige Rolle spielen –, sondern in etwas Tieferem: der Anbetung. Diese Aussage bedarf einer Definition und Erklärung. Was ist Anbetung? Die meisten Menschen denken dabei an eine formale, sichtbare Religion, zu deren Ausübung man sich versammelt. Sie denken an einen Gottesdienst am Sonntagmorgen mit all seinen vertrauten Traditionen. Aber ein großer Teil unserer Anbetung findet außerhalb des formellen Gottesdienstes statt. Die Anbetung, die dein Leben tatsächlich prägt und lenkt, ist informell und oft unbemerkt. Sie findet an ganz gewöhnlichen Orten und in den Aktivitäten und Beziehungen deines täglichen Lebens statt. Ob es dir bewusst ist oder nicht, du betest ständig irgendetwas an. Der religiöseste Mensch und der überzeugteste Atheist haben eines gemeinsam: Beide beten tagtäglich an, und zwar an Orten, von denen sie vielleicht nie denken würden, dass dort Anbetung geschieht

Um dies zu verstehen, muss man sich vor Augen führen, dass Anbetung nicht nur eine Tätigkeit ist, der sich manche Menschen hingeben. Nein, Anbetung ist eine grundlegende *Identität*, die alle Menschen besitzen. Menschsein bedeutet, ein anbetendes Wesen zu sein. Dein Herz, die Schaltzentrale deiner Persönlichkeit, wurde von Gott als Zentrum der Anbetung geschaffen. Das heißt, unser Herz wird immer von etwas beherrscht. Du und ich leben immer für etwas. Wir sind ständig auf der Suche nach etwas, von dem wir glauben, dass es uns das erfüllte Leben bringt (wie auch immer wir dieses definieren). Jesus bezeichnet diese Wahrheit mit dem Wort *Schatz* (vgl. Mt 6,19–21). Ein Schatz ist etwas Wertvolles, das sich lohnt, gesucht, besessen, genossen und gefeiert zu werden. Christus lehrt diesbezüglich drei Prinzipien:

1. Jeder Mensch lebt für einen Schatz.
2. Dein Schatz wird dein Herz beherrschen.
3. Das, was dein Herz beherrscht,
   prägt dein Reden und Verhalten.

Du fragst dich vielleicht, was das mit dem gesellschaftlichen Chaos zu tun hat, in dem wir heutzutage durch die sozialen Medien leben. Die Antwort ist: Du wirst dieses Chaos nie ganz verstehen, solange du nicht begreifst, dass der Grund in den Schätzen liegt, denen wir nachjagen. Bestimmte Werte befeuern die Destruktivität, die täglich unsere digitale Kommunikation verdunkelt. Ob sie es wissen oder nicht – die Leute posten, um nach Schätzen zu jagen, denn das ist es, was uns Menschen ausmacht. Im Grunde dient alles, was wir tun und sagen, dazu, einen Schatz zu finden. Wenn du deinen Freund mit Argumenten in die Ecke drängst und demütigst, dann tust du das, weil Siegen für dich in diesem Moment ein wertvollerer Schatz ist als die Beziehung. Wenn du so viel arbeitest, dass du zu einem abwesenden Vater und Ehemann geworden bist, dann kann es sein, dass materieller Erfolg für dich wertvoller ist als die Familie. Wenn du auf deinem dienstlichen Computer Pornoseiten anschaust, dann ist dir das sexuelle Vergnügen mehr wert als ein vertrauenswürdiger und treuer Mitarbeiter zu sein. Wenn du dich mit Essen in die Fettleibigkeit und schlechte Gesundheit hineinfrisst, dann ist der Genuss von Essen für dich ein wertvollerer Schatz als dein körperliches Wohlbefinden. Wenn du Leute in den sozialen Medien mit reißerischen Überschriften dazu verleitest, deine Artikel anzuklicken, dann sind dir deine Besucherzahlen wichtiger als mitfühlende, geduldige, freundliche und barmherzige Zuneigung.

Die Bibel zeigt, dass es nur zwei Arten von Schätzen gibt. Jesus sagt, dass dein Herz entweder von irdischen oder von himmlischen Schätzen gefangen ist (vgl. Mt 6). Der Apostel Paulus schreibt, dass man entweder den Schöpfer oder das Geschöpf verehrt (vgl. Röm 1). Alles, was wir tun oder sagen, wird von einem dieser Schätze geprägt, getrieben und gelenkt. Gott hat unsere Anbetung so ausgerichtet, dass sie uns in der Liebe, im Dienst, in freudiger Unterwerfung und mit Zufriedenheit des Herzens zu ihm führt. Die Sünde veranlasst uns dazu, uns von Gott abzuwenden und unser Herz unzähligen Objekten als Gottesersatz zuzuwenden, die wir lieben, denen wir dienen und denen wir uns unterwerfen. Dabei erwarten wir vom Geschaffenen jenen Seelenfrieden, den nur Gott geben kann. Das bedeutet, dass alles, was du sagst oder postest, aus einem Herzen kommt, das entweder von Gott oder von einem Geschöpf beherrscht wird. Mit allem, was wir sagen und tun, wollen wir etwas erreichen.

Lass mich mit der Schlussfolgerung daraus beginnen, die ich anschließend erkläre: *Wenn wir durch Anbetung in dieses destruktive Chaos geraten sind, dann müssen wir auch durch Anbetung wieder herausfinden.* Was du tust, was du sagst, wie du deine Welt siehst, wie du Situationen und Menschen bewertest, was du für richtig und falsch hältst, wie du reagierst, wenn du dich ungerecht behandelt fühlst, wie du Entscheidungen triffst und wie du deine Handlungen und Reaktionen bewertest – all das wird von dem geprägt und bestimmt, was du anbetest. Was auch immer dein Herz beherrscht, was dir am wichtigsten ist, worauf du nicht verzichten kannst – was du also anbetest –, das wird stets durch dein Verhalten in den sozialen Medien oder in deinen alltäglichen Beziehungen zu Hause, bei der Arbeit, in der Gemeinde und in der Öffentlichkeit sichtbar werden. Wenn du also Teil der destruktiven Kultur der Reaktivität geworden bist, die diese Bereiche vergiftet hat, dann besteht der Ausweg nicht in neuen Regeln für soziale Medien oder für persönliche Beziehungen. Die Lösung liegt nicht im Kommunikationsmanagement, sondern in der Neuausrichtung der Anbetung.

Vielleicht ist die christliche Social-Media-Welt so, wie sie ist, *weil wir Gott nicht so sehr lieben, wie wir behaupten*. Vielleicht entlarvt die Art und Weise, wie wir aufeinander reagieren, dass wir im Grunde nicht wirklich lieben, was Gott liebt, oder schätzen, was er schätzt. Vielleicht ist uns das, was wir wollen und wovon wir glauben, dass wir (oder jemand anderes) es verdienen, wichtiger als Gottes heiliger Ruf und seine Ehre. Vielleicht dienen wir im Alltag einem anderen Reich und nicht seinem Reich der Gerechtigkeit, Wahrheit und Liebe. Vielleicht wollen wir lieber selbst König sein als treue Diener des Königs.

Die Bosheiten, die vorschnellen Urteile, der Rufmord, die Gemeinheiten, die Rachsucht und die Ablehnung anderer in den christlichen sozialen Medien bedeuten nicht nur, dass wir Gottes Regeln brechen. Vielmehr zerstören wir dadurch die Beziehung zu demjenigen, der diese Regeln für uns geschaffen hat. Denk an die Zehn Gebote. Du wirst Gottes Gebote nur dann befolgen, das schätzen, was er schätzt, und so lieben, wie er liebt, wenn die Liebe zu ihm und der Wunsch, dass er geehrt wird, wirklich in deinem Herzen regieren. Deine Werte werden immer von dem geprägt, was du verehrst und anbetest. Deine Entscheidungen werden immer davon bestimmt, was du anbetest. Dein Verhalten wird immer von dem gelenkt, was du anbetest. Deine Worte, ob digital übermittelt oder gesprochen, werden immer von dem kontrolliert, was du anbetest. Die destruktive Kommunikation ist ein Beziehungs- und Anbetungsproblem, und dies zu bekennen ist der einzige Weg, um jemals eine dauerhafte Veränderung zu erreichen.

Ich möchte ein Beispiel nennen, wie es aussehen würde, wenn Gott den ihm gebührenden Platz in unseren Herzen einnehmen würde, sodass wir das wertschätzen, was er wertschätzt. Betrachte dazu Galater 5,22–26:

> **»Die Frucht aber des Geistes ist Liebe, Freude, Friede, Geduld, Freundlichkeit, Güte, Treue, Sanftmut, Keuschheit; gegen all dies steht kein Gesetz. Die aber Christus Jesus angehören, die haben ihr Fleisch gekreuzigt samt den Leidenschaften und Begierden. Wenn wir im Geist leben, so lasst uns auch im Geist wandeln. Lasst uns nicht nach eitler Ehre trachten, einander nicht herausfordern und beneiden.«**

Dieser Abschnitt ist ein brillantes, klares, aufschlussreiches und transformatives Beispiel dafür, was Gott schätzt. Das Wort »aber« macht deutlich, dass Paulus einen Gegensatz zwischen der

Frucht des Geistes und den Werken des Fleisches herstellt. Wie bereits an anderer Stelle erwähnt, bezeichnet er diese Charaktereigenschaften als Frucht des Geistes, weil wir sie nur durch die Kraft des innewohnenden Heiligen Geistes hervorbringen können. Jesus hat so gelebt, wie wir nicht leben konnten, ist an unserer Stelle gestorben und als Sieger über Sünde und Tod auferstanden, damit du und ich nicht nur ewiges Leben haben, sondern auch eine neue Identität und neue Möglichkeiten. Dieses Potential bekommen wir durch die Gabe des Heiligen Geistes, der uns von der Sünde überführt und uns befähigt, auf eine ganz neue Art zu leben. Gott schätzt die in diesem Textabschnitt genannten Dinge so sehr, dass er bereit war, das wertvollste und teuerste aller Opfer zu bringen, nämlich das Opfer seines Sohnes, damit all dies in unserem Leben Realität werden kann. Das bedeutet:

Gott schätzt Liebe.
Gott schätzt Freude.
Gott schätzt Friede.
Gott schätzt Geduld.
Gott schätzt Freundlichkeit.
Gott schätzt Güte.
Gott schätzt Treue.
Gott schätzt Sanftmut.
Gott schätzt Selbstbeherrschung (Keuschheit).

Die zentrale Frage dieses Buches lautet: Verhalten wir uns in den Situationen, Beziehungen und Social-Media-Interaktionen unseres täglichen Lebens auf diese Weise? Hat Gott so viel Kontrolle über die Gedanken, Wünsche und Motivationen unseres Herzens, dass wir schätzen, was er schätzt, lieben, was er liebt, und wollen, was er will? Was würde passieren, wenn jedes Wort, das wir im privaten Gespräch oder in der digitalen Welt von uns geben, davon geprägt wäre, dass wir das schätzen, was Gott schätzt? Wie viele Dinge würden wir nie posten oder sagen? Wie anders sähen unsere Reaktionen auf diejenigen aus, die nicht mit uns übereinstimmen oder von denen wir glauben, dass sie uns Unrecht getan haben? Wie anders würde unser Eintreten für die Wahrheit aussehen? Wie anders fielen unsere Reaktionen auf diejenigen aus, von denen wir denken, dass sie Feinde des Rechten, Guten und Wahren sind? Wie anders wären unsere Reaktionen auf Menschen verschiedener Ethnien, Kulturen, sozialer Schichten, Positionen oder Geschlechter? Wie anders sähen die Ziele aus, die wir mit unseren Worten verfolgen? Dies ist der springende Punkt. Wenn du wirklich schätzt, was Gott schätzt, dann wirst du aus Gnade vor dir selbst gerettet. Du wirst vor all den gemeinen reaktiven Instinkten geschützt, die Folge der Sünde sind, die noch in dir wohnt. Und wenn du von dir selbst gerettet bist, begegnest du anderen Menschen auf eine ganz neue, schöne und Gott verherrlichende Weise.

Deshalb beendet Paulus obigen Abschnitt mit diesen Worten. Wenn du wertschätzt, was der Heilige Geist in dir und durch dich bewirkt, dann wirst du mit ihm Schritt halten. Du wirst in all deinen Beziehungen dorthin gehen, wohin er geht. Das bedeutet:

- Du wirst nicht eingebildet sein und dich nicht selbst in den Mittelpunkt stellen, damit sich alles nur um dich dreht.
- Du wirst nicht provozieren und andere aufhetzen, weil du streitsüchtig bist.
- Du wirst nicht neidisch sein und andere gern fertig machen, die etwas haben, das du deiner Meinung nach haben solltest.

Im größeren Zusammenhang dieses Abschnittes geht es um die Freiheit, die dir allein durch die Gnade des Evangeliums geschenkt wird. Die Gnade befreit dich von der Knechtschaft des Götzendienstes, der Unreinheit, der Feindschaft, des Streits, der

Eifersucht, der Wutanfälle, der Rivalitäten, der Spaltungen und des Neids deines früheren Lebens. Die Gnade befreit dich nicht nur dafür, auf eine neue und viel schönere Weise zu leben, sondern sie befähigt dich auch dazu. Warum wollen wir dann aber nicht der Führung des Heiligen Geistes folgen? Die einzige Antwort ist, dass wir das, was Gott wertschätzt, nicht wertschätzen, weil andere Dinge Gottes Stelle in unserem Herzen eingenommen haben. Das demütige Bekenntnis unseres Götzendienstes ist der erste Schritt zur Veränderung, die nicht nur in unserer Gesellschaft, sondern auch in der christlichen Gemeinschaft unbedingt vonnöten ist. Wenn wir dies bekennen, müssen wir uns klarmachen, dass unser Problem nicht nur darin besteht, die bösen Begierden in unserem Herzen zu bekämpfen. Selbst das Verlangen nach etwas Gutem kann zu etwas Schlechtem werden, wenn es uns beherrscht. Es ist gut, ein gewisses Maß an Kontrolle in seinem Leben haben zu wollen, aber wenn dein Herz von Kontrollsucht beherrscht wird, wirst du damit dein Leben und deine Beziehungen zerstören. Es ist gut, glücklich sein zu wollen, aber wenn das Streben nach Glück dich beherrscht, wirst du endlos fordernd, frustriert und wütend sein. Es ist gut, wissen zu wollen, was richtig ist und im Recht sein zu wollen, aber wenn das Rechthaben dich beherrscht, wirst du kritisch, unnahbar, verurteilend und unerträglich sein. Es ist gut, Beziehungen zu wollen, aber wenn dein Herz davon beherrscht ist, von anderen akzeptiert zu werden, wirst du anspruchsvoll und fordernd oder von Menschenfurcht gelähmt sein. Es gibt keinen anderen sicheren Herrscher über dein Herz als den Herrn der Herren. Es gibt keine bessere Art zu leben, als das zu schätzen, was er schätzt.

Ich möchte sechs alltägliche Beispiele dafür anführen, wie wir in unserem derzeitigen gesellschaftlichen Klima das schätzen können, was Gott schätzt.

Werte, die einer destruktiven Kultur entgegenwirken

Das Evangelium ist von größerem Wert als die Politik. Wenn du an den Herrn Jesus Christus glaubst, sollte nicht die Politik dein Weltbild prägen, sondern das Evangelium. Wenn du gläubig bist, solltest du deine Identität nicht in der Politik, sondern im Evangelium finden. Wenn du gläubig bist, solltest du deine Hoffnung nicht aus politischer Macht, sondern aus dem Evangelium ziehen. Wenn du gläubig bist, solltest du dein Leben nicht irgendeinem irdischen König geben, sondern dem König der Könige. In der heutigen Zeit sind Politik und politische Macht viel zu wichtig, zu zentral und zu lebensbestimmend. Sie sind ein Nährboden für viele Spaltungen, Verbitterung und Destruktivität unter Christen geworden.

Beziehungen sind von größerem Wert, als das Gespräch zu dominieren und den Sieg davonzutragen. Das Evangelium ist gänzlich beziehungsorientiert. Christus hat für uns den Frieden mit Gott erkauft, der uns ermöglicht, in Frieden mit anderen Menschen zu leben. Das Evangelium lehrt, dass unser Leben mit Gott keine individuelle Angelegenheit ist, sondern ein Gemeinschaftsprojekt. Nach dem obersten Gebot, Gott über alles zu lieben, rangiert an zweiter Stelle das Gebot, den Nächsten zu lieben wie sich selbst. Das Problem ist, dass ein Großteil unserer Kontakte, Kommunikation und Debatten über alltägliche Themen nicht mehr persönlich, sondern online und digital stattfindet. Auf diesem Kampfplatz werden die Menschen entmenschlicht. Sie werden zu Posts, Klicks oder Likes. Weil wir den Sinn für Beziehungen aus Fleisch und Blut verlieren, die Verbindlichkeit erfordern und Konsequenzen nach sich ziehen, erlauben wir uns, in den sozialen Medien sehr unsozial miteinander umzugehen und erkennen den Wert unserer Beziehungen nicht.

Gottes Ehre ist von größerem Wert als dein Wohlbefinden, die Wertschätzung und der Respekt von anderen. Ein Großteil der destruktiven Kultur der Reaktivität, die uns jeden Tag begegnet, ist das Ergebnis einer selbstzentrierten, selbstverherrlichenden und selbstbezogenen Art, die Welt zu betrachten und zu erleben. Ich stehe im Mittelpunkt, und die Angriffe, die mich am meisten betrüben, verärgern und motivieren, betrachte ich als persönliche Angriffe. Diese anspruchsvolle und fordernde Lebensweise wird niemals zu persönlichem Glück oder friedlichen Beziehungen führen. Das Evangelium von Jesus Christus soll in dir eine Ehrfurcht vor Gott hervorrufen, die dein Herz erfüllt und bewirkt, dass alles, was du tust und sagst, zu seiner Ehre geschieht. Selbstverherrlichung zerstört Gemeinschaft und ist ein trauriger Ersatz für den wahren Frieden und das Glück, das man findet, wenn man zur Ehre dessen lebt, der unendlich viel größer ist als man selbst.

Einheit ist von größerem Wert als Individualismus oder Gruppendenken. Leider bewirkt die Sünde, dass uns Spaltung näher liegt als Einheit. Die Sünde bringt uns dazu, Einheit mit der Forderung nach Uniformität zu verwechseln. Die Sünde veranlasst uns, zu denken, wir könnten als Einzelne etwas tun, was tatsächlich nur in Gemeinschaft mit anderen erreicht werden kann. Die Sünde bringt uns dazu, uns in kleine Gruppen zu spalten, die miteinander bestimmte Ansichten, Theologien oder Vorlieben teilen, wobei wir diejenigen, die nicht zu unserer Gruppe gehören, oft behandeln, als wären sie unser Feind. Es liegt in der Natur der sozialen Medien, dass sie es uns allzu leicht machen, diesen Versuchungen zu erliegen. Vielleicht waren Christen noch nie so gespalten und uneins wie in diesen Zeiten. In Jesu letztem Gebet betont er den Wert des Einsseins (vgl. Joh 17). Er sagt, dass unsere Einheit untereinander ein starkes Argument für das Evangelium sein soll. Man kann die Heilige Schrift nicht lesen, ohne zu erkennen, dass diese Einheit kein Luxus ist, sondern wesentlich für unser weiteres Wachstum in der Gnade und unser beständiges Zeugnis vor der Welt.

Liebe ist von größerem Wert als die subtilsten Formen des Hasses. Mehr als einmal haben Menschen auf etwas, das ich getwittert habe, mit anklagenden, verurteilenden und abweisenden Antworten reagiert. Diese Reaktionen fließen nicht aus einem liebenden Herzen. Sie ermutigen mich nicht liebevoll zum Nachdenken, Überdenken oder Umkehren. Es sind verurteilende und ablehnende Worte. Traurigerweise werden sie von Brüdern und Schwestern in Christus gepostet, die mit mir in einer Einheit verbunden sind, die nur der Heilige Geist schaffen kann. Wir sollen uns durch unsere Liebe füreinander auszeichnen. Der subtile Hass der Respektlosigkeit, der Ablehnung, des Spottes, des Beziehungsabbruchs und der Verurteilung bringt jedoch niemals gute Frucht. Wenn dich jemand anschreit, verteidigst du dich, aber du öffnest dein Herz nicht. Nur die Liebe hat die Kraft, meine Abwehr zu durchbrechen und einen sicheren Raum zu schaffen, in dem ich mich selbst ehrlich betrachten kann. Und die Liebe versichert mir, dass du für mich bist und bei mir sein wirst, auch wenn Sünde und Meinungsverschiedenheiten dazwischenkommen.

Charakter ist von größerem Wert als Position oder Macht. Ein Götze in der heutigen christlichen Kultur ist die Macht. Um politische Macht zu erlangen, gehen wir charakterliche Kompromisse ein und verschließen unsere Augen vor den Charakterschwächen derjenigen Leiter, an die wir unsere Hoffnungen geknüpft haben. In seinem Wort hat Gott die Qualifikationen für Leiter in seiner Kirche beschrieben. Die gesamte Liste ist eine Aufzählung charakterlicher Eigenschaften. Mit Ausnahme der Lehrgabe werden dort keine Fähigkeiten aufgelistet. Gott fordert alle Gläubigen auf: »Ihr sollt heilig sein, denn ich bin heilig.« Heiligkeit übertrumpft immer Macht. Heiligkeit ist wichtiger als eine bestimmte Position. Heiligkeit ist nicht nur Gottes Berufung für uns, sondern das, was seine

Gnade jeden Tag in uns hervorbringt. Es gibt zu viele christliche Rüpel in den sozialen Medien. Auch in den Gemeinden gibt es zu viele tyrannisierende Leiter. Keine christliche Gemeinschaft kann intakt bleiben, wenn das Streben nach Macht und Position uns mehr motiviert als die Schönheit eines gottgefälligen Lebens.

*

Dieses Kapitel zu schreiben, fiel mir nicht einfach. Es hat mir meine eigene Schuld vor Augen geführt. Es hat mich daran erinnert, dass ich ein Mensch bin, der ständig seine eigenen Werte anhand der Heiligen Schrift überprüfen muss. Wenn gewisse Dinge in meinem Herzen weit über ihren wahren Wert hinaus an Bedeutung gewinnen, treten sie an die Stelle meines Herrn und seines Rufs und bestimmen all mein Tun und Reden. Man kann die destruktive Kultur der Reaktivität, die die Kirche und unser Zeugnis in der Welt so beschädigt, nicht untersuchen, ohne zu dem Schluss zu kommen, dass wir ein Werteproblem und damit ein Anbetungsproblem haben. Aber wir können offen über diese Dinge sprechen, weil die Gnade Christi uns davon befreit, uns zu verstecken und unsere Fehler zu leugnen. Es gibt keine Sünde, keine Schwäche, kein Versagen, das nicht durch das Leben, den Tod und die Auferstehung Jesu zugedeckt ist. Deshalb können wir schwierige Themen mit Hoffnung, Mut, Ehrlichkeit und Demut angehen – in der Gewissheit, dass wir dann mit verzeihender und stärkender Gnade beschenkt werden. Mögen wir prüfen, was unser Herz in Wirklichkeit anbetet und nach welchen Werten wir leben. Mögen wir bekennen, wo es nötig ist, und uns entscheiden, darum zu ringen, das als wichtig zu erachten, was Gott wichtig ist.

11

Würde

Als Höhepunkt der Schöpfung taucht Gott seine Hand in den Staub der Erde, bläst hinein, und aus dem Nichts wird Adam zu einem lebendigen, atmenden und voll funktionsfähigen Menschen. Abgesehen von der Menschwerdung, Kreuzigung und Auferstehung Jesu gibt es keinen wunderbareren, geheimnisvolleren, wichtigeren und herrlicheren Augenblick in der Geschichte. Die Lektüre dieses Berichts im 1. Buch Mose sollte dir den Atem rauben und dich innehalten lassen. Sie sollte dich mit Staunen und Ehrfurcht erfüllen. Sie sollte dich in Anbetung und Bewunderung auf die Knie fallen lassen. Sie sollte dein Denken über dich selbst und jedes andere menschliche Wesen verändern, das diese kleine Kugel, die wir Erde nennen, je bevölkert hat, jetzt bevölkert und künftig bevölkern wird.

Ich wohne im Zentrum von Philadelphia und gehe daher überall zu Fuß hin. Natürlich bin ich nicht allein, wenn ich durch die Straßen meiner Stadt laufe. Ich begegne dort jeden Tag Männern, Frauen, Jungen und Mädchen, und denke dabei oft an den Moment, in dem Gott dem Menschen das Menschsein einhauchte. Ich bin immer wieder überwältigt von der Erhabenheit und der anatomischen, physiologischen, emotionalen, psychologischen, intellektuellen und geistlichen Komplexität und Vielfalt menschlichen Lebens. Menschen sind ein Wunder. Wir alle müssen gelegentlich innehalten und dieses Wunder wahrnehmen. Denk einmal kurz über Folgendes nach:

- Wie die verschiedenen Funktionen des Körpers eines Neugeborenen im Moment der Geburt zu arbeiten beginnen.
- Wie ein kleines Kind anfängt, Sprache zu verstehen und selbst zu sprechen.
- Wie unterschiedlich die Interessen und Begabungen jedes Kindes sind.
- Die Fähigkeit der Menschen, eine Vielzahl von Dingen zu lernen und sie im Leben anzuwenden.
- Die Fähigkeit, die wir alle haben, etwas herzustellen, zu kreieren und zu gestalten.
- Die Fähigkeit eines Komponisten, eine Klanglandschaft zu schaffen, die uns in eine andere Welt versetzt.
- Die Fähigkeit eines Künstlers, durch seine Augen und Hände Schönheit auf die Leinwand zu bringen.
- Die Fähigkeit eines Autors, mit seinen Worten unsere Phantasie anzuregen.
- Das Geschick eines Kochs, Lebensmittel so zu verarbeiten, dass sie den Gaumen reizen.
- Die Gabe eines Lehrers, wissenschaftliche, historische oder theologische Fakten zu vermitteln.

- Die Fähigkeit eines Architekten, ein schönes, stabiles und nützliches Bauwerk zu schaffen.
- Die zärtliche Berührung einer stillenden Mutter.
- Die strenge, warnende Stimme eines Vaters.
- Die ermutigende Umarmung eines Freundes.
- Die gesammelte Weisheit eines alten Mannes.

Ich könnte noch lange so weitermachen. Wir müssen uns die Zeit nehmen, um über die überwältigende, vielfältige Herrlichkeit dessen zu staunen, was Gott schuf, als er Adam das Leben einhauchte. Wir dürfen uns niemals erlauben, unsere Fähigkeit zum Staunen zu verlieren, denn sonst werden wir uns nicht in Ehrfurcht vor unserem Schöpfer verneigen, wie wir es tun sollten. Wir werden miteinander auch nicht umgehen, wie Gott es von uns möchte. Jeder Mensch ist ein wandelndes Wunder – ein voneinander abhängiges, ineinandergreifendes System wunderbarer Dinge, die alle nach Gottes Plan zusammenarbeiten, um zu leben, zu atmen, zu denken, zu fühlen, zu arbeiten, zu lachen, anzubeten und in Beziehung zu treten. Es gibt keinen einzigen langweiligen Menschen. Ein Mensch zu sein bedeutet, ein herrliches Geschöpf zu sein, wunderbarer als eine gewaltige Pyramide, der höchste Gipfel, der weite Ozean, ein prächtiger Sonnenuntergang, ein gewaltiger Sturm, ein großartiges Musikstück oder ein beeindruckendes Gemälde. Auf dem Gipfel der Schöpfung wurde aus Staub etwas Lebendiges und Herrliches geschaffen: ein Mensch. Die Herrlichkeit dieses Ereignisses darf uns nie verloren gehen.

Nach Gottes Ebenbild geschaffen

Das ist noch nicht alles. Bei der Erschaffung des allerersten Menschen sprach Gott jene Worte, die alles verändern, was man sonst über Menschen denkt oder weiß. Er sagte: »Lasset uns Menschen machen, ein Bild, das uns gleich sei« (1 Mose 1,26). Diese Worte verleihen diesem Ereignis nicht nur eine noch größere Herrlichkeit als das, was ich bereits beschrieben habe, sondern sie unterscheiden den Menschen von der gesamten übrigen Schöpfung. Jedes geschaffene Wesen oder Ding spiegelt auf irgendeine Art und Weise die Herrlichkeit Gottes wider. Alles Geschaffene dient dazu, auf die Herrlichkeit seines Designers und Schöpfers hinzuweisen. Was jedoch über die Erschaffung Adams gesagt wird, gilt für nichts anderes, was Gott geschaffen hat. Gott hat es gesagt und Mose hat es aufgezeichnet, damit wir für immer die Besonderheit und Überlegenheit des Menschen in Gottes Schöpfungsordnung anerkennen. Zu sagen, dass die Menschen Gottes Herrlichkeit *widerspiegeln*, reicht nicht aus. Nein, wir dürfen auch nicht vergessen, uns selbst und anderen immer wieder zu sagen, dass wir auch *nach seinem Ebenbild* geschaffen sind. Lass dies auf dich wirken. Gott hat es so geplant, dass der Mensch Gott viel ähnlicher ist als der Rest der Schöpfung. Ohne diese Worte aus 1. Mose können wir weder uns selbst noch andere richtig erkennen und verstehen.

Denk einmal darüber nach, welche enormen Auswirkungen es darauf hätte, wie wir über unsere eigene Identität und die Identität aller anderen Menschen denken – wenn wir wirklich glauben würden, dass jeder Mensch, der jemals gelebt hat, für immer das Bild Gottes trägt. Es gibt keine unbedeutenden, geringen oder unwichtigen Menschen. Die Menschen sind von Gott dazu auserwählt worden, eine Position der Würde einzunehmen, die nichts anderes in der Schöpfung besitzt. Betrachte die Worte in Psalm 8:

> **»Wenn ich sehe die Himmel, deiner Finger Werk, den Mond und die Sterne, die du bereitet hast: was ist der Mensch, dass du seiner gedenkst, und des Menschen Kind, dass du dich seiner annimmst? Du hast ihn wenig niedriger gemacht als Gott, mit Ehre und Herrlichkeit hast**

du ihn gekrönt. Du hast ihn zum Herrn gemacht über deiner Hände Werk, alles hast du unter seine Füße getan: Schafe und Rinder allzumal, dazu auch die wilden Tiere, die Vögel unter dem Himmel und die Fische im Meer und alles, was die Meere durchzieht.«

PS 8,4–9

Ich staune darüber, an welcher Stelle und in welchem Zusammenhang David die Frage stellt: »Was ist der Mensch, dass du seiner gedenkst?« Wie können kleine, unbedeutende Menschen im Vergleich zur Größe des Himmels und der leuchtenden Herrlichkeit des Mondes und der Sterne überhaupt Gottes Aufmerksamkeit erregen? Der Psalm gibt eine eindeutige Antwort, die wir nie vergessen dürfen. Deshalb ist der Mensch einzigartig in der Schöpfung Gottes:

Gott hat ihn wenig niedriger als die Engel gemacht.
Gott krönte ihn mit Herrlichkeit und Ehre.
Gott gab ihm die Herrschaft über die Werke seiner Hände.
Gott hat ihm alle Dinge unter seine Füße gelegt.

Diese vier Aussagen sollten uns innehalten lassen, uns warnen und zum Staunen bringen. Hier wird erklärt, wozu Gott jeden Menschen bestimmt hat. Diese Position und Identität hat er für jeden von uns vorgesehen. Die erhabene Würde eines jeden Menschen steht nicht zur Diskussion, Bewertung oder Abstimmung. Die Entscheidung wurde vom Schöpfer getroffen und in diesen klaren Worten mitgeteilt: »Lasset uns Menschen machen, ein Bild, das uns gleich sei.« Er hat sie in vier Aussagen in Psalm 8 weiter erläutert. Aus dieser Identität ergibt sich unsere Berufung: Wir sollen einander mit der Würde behandeln, die Gott jedem von uns als seinem Ebenbild verliehen hat. Das bedeutet, dass ich dich nicht wegen deiner Schönheit, deiner Ethnie, deiner Leistungen, deines Geldes, deiner Macht, deiner Position, deiner Familie, deiner Bildung, deines Standorts, deines Besitzes, deiner Moral, deiner Theologie, deiner Sexualität, deiner Spiritualität, deines Geschlechts, deiner Reife, deiner emotionalen Stabilität, deiner intellektuellen Fähigkeiten, deiner körperlichen Stärke oder deiner Gaben und Fähigkeiten mit Würde behandeln soll – sondern weil du Gottes Ebenbild bist.

Wenn ich einem Menschen ins Gesicht schaue, sollte ich seine Gottesebenbildlichkeit darin erkennen. Ich lebe im dicht besiedelten Zentrum einer Großstadt. Ich sehe mehr grauen Asphalt als grünes Gras. Ich muss jedoch nicht aufs Land außerhalb von Philadelphia fahren, um mich von der Schöpfung an die Gegenwart und Herrlichkeit Gottes erinnern zu lassen. Ich brauche nur meine Wohnung zu verlassen, um immer wieder seine Herrlichkeit zu entdecken, wenn ich an seinen Ebenbildern auf der Straße vorbeigehe. Ich bin gesegnet, jeden Tag von seinem Ebenbild umgeben zu sein und an seine Gegenwart und Herrlichkeit erinnert zu werden. In den Interaktionen mit anderen Menschen vergessen wir leicht, wen wir vor uns haben und was jeder Mensch in Gottes Plan darstellt. Dann behandeln wir die Menschen schlechter, als es Gottes Ebenbildern zusteht. Wir werden wütend, wenn ein Mensch uns im Wege steht, als wäre er ein Objekt und keine Person. Wir behandeln Menschen wie zu lösende Probleme und nicht wie Gottes Ebenbilder. Wir sehen Menschen als Vehikel für unseren Erfolg und nicht als Menschen, die Gottes Ebenbild sind. Wir grenzen uns von Menschen ab, weil sie anders sind, und verleugnen damit die uns gemeinsame Würde. Wir lassen zu, dass Ethnie, Geschlecht, soziale Schicht, politische Ansichten, Religion und viele andere Dinge bestimmen, wie wir über Menschen denken und wie sie behandelt werden sollten. Wenn wir die Worte aus 1. Mose vergessen, die bei der Schöpfung gesprochen wurden, werden wir Menschen nicht mit Achtung und Würde behandeln.

Die Welt des Internets und der sozialen Medien macht dies alles noch schwieriger. Hier sind die Menschen nicht physisch anwesend, sondern gesichtslos und oft namenlos. Sie werden zu Posts, Klicks oder elektronischen Buchstaben auf einem Bildschirm. Menschen werden auf ihren letzten Kommentar oder Beitrag reduziert. Sie schrumpfen zu Ideen, die wir lieben oder hassen. Sie tragen das Abbild einer Theologie, einer politischen Einstellung, eines Produkts, einer Weltanschauung oder einer Gruppe, aber nicht das Abbild Gottes. In dieser digitalen Welt sehe ich dich nicht. Ich kenne dich nicht und habe keinen gemeinsamen Lebensraum mit dir. Ich befürchte, dass wir mit der Vorherrschaft des Internets und der sozialen Medien über unsere Kommunikation und den Großteil unserer Beziehungen die Menschlichkeit verlieren. Als Gott dem Menschen die Menschlichkeit einhauchte, krönte er ihn gleichzeitig mit Ehre und Herrlichkeit, indem er sagte: »Dieser ist nach meinem Ebenbild geschaffen.« Wenn ich nur die Aufrufe, Likes, Kommentare und Retweets zähle, haben die Menschen für mich aufgehört, Menschen zu sein. Sie sind zu Zahlen geworden, die einen gewissen Wert für mich darstellen, aber sie haben ihre Menschlichkeit verloren. Und deshalb sind die sozialen Medien zu einem großen Schwarzen Loch geworden, in dem die Würde untergeht, und wo wir uns erlauben, einander auf eine Art und Weise zu behandeln, die den meisten von uns wohl kaum in den Sinn käme, wenn wir der Person von Angesicht zu Angesicht gegenüberstünden und in ihrem Gesicht das Gesicht Gottes erblickten.

Die meisten Menschen nutzen die sozialen Medien nicht, um ihren Nächsten wie sich selbst zu lieben oder um jemandem Gnade zu erweisen, der sie dringend braucht. Die meisten Menschen gehen nicht auf X, um zu trösten, zu ermutigen und Hoffnung zu geben. Die meisten von uns besuchen ihre Lieblingsseiten nicht, um nach den neuesten Taten der Güte und Freundlichkeit zu suchen. Die aktuellen Themen in den sozialen

Medien drehen sich in der Regel nicht um Menschenwürde, Liebe, Barmherzigkeit, Gerechtigkeit oder Vergebung. Die Stunden, die du in den sozialen Medien verbringst, bauen dich nicht auf und helfen dir nicht dabei, deinen Nächsten mit Würde und Liebe zu behandeln. Soziale Medien bringen dich nicht dazu, anderen mehr Respekt und Wertschätzung entgegenzubringen. Leider neigen sie eher dazu, Beziehungen zu erschüttern und uns der Menschlichkeit zu berauben. In dieser Welt scheinen Francis Schaeffers Worte, »die Unmenschlichkeit des Menschen dem Menschen gegenüber« täglich wahr zu werden.[3] Ich muss es noch einmal sagen: Dies gilt nicht nur für unsere säkulare Gesellschaft, sondern auch für die christliche Gemeinschaft. Es ist so leicht, Anklagen, Beschuldigungen, Urteile, Drohungen, Verleumdungen, Ablehnungen und spöttische Bemerkungen in die Tastatur zu tippen und auf den Bildschirm zu bringen, ohne dass wir uns Gedanken darüber machen, an wen das alles adressiert ist und welchen Schaden unsere Worte anrichten könnten. Für uns, die wir an eine buchstäbliche Schöpfung glauben, ist die Würde nicht nur eine Schöpfungserklärung, sondern auch ein moralischer Beziehungsauftrag.

Gerade wir Christen haben die Einsicht und den Auftrag, diese mächtigen Instrumente auf eine ganz andere Art und Weise zu nutzen. Ich will immer daran denken, dass jeder, der meine Posts in den sozialen Medien liest, ein Mensch ist, der im Bilde Gottes geschaffen wurde. Ich habe beschlossen, diese einflussreichen Werkzeuge als Werkzeuge der Liebe und der Wahrheit und der rettenden, wiederherstellenden und heilenden Gnade einzusetzen. Wenn ich an meinem Bildschirm sitze, versuche ich mir vorzustellen, dass ich echte Menschen vor mir habe, damit ich nicht vergesse, nur liebevolle Posts zu schreiben, die die Würde

3 Francis Schaeffer, *Gott ist keine Illusion*, 2. Aufl., Genf, Zürich, Basel: Haus der Bibel/Wuppertal: R. Brockhaus Verlag, 1972, S. 120.

des anderen im Blick haben. Ich habe mir vorgenommen, mich nicht sofort zu verteidigen, meiner Berufung aus dem Evangelium treu zu bleiben, der Neigung zu widerstehen, Menschen auf Positionen, Ideen oder Angehörige einer Gruppe zu reduzieren, und mit jedem Wort, das ich eintippe, meinen Nächsten zu lieben wie mich selbst. Ich will viel mehr lesen und reflektieren, als antworten, und nie schnell reagieren. Ich habe mich darauf beschränkt, nur etwas über das Evangelium der Gnade Gottes zu posten, um mich vor der Versuchung zu schützen, diese mächtigen Werkzeuge auf eine ungebührliche Art und Weise zu nutzen. Einige von euch sind Vorbilder für das Gute, das mit diesen einflussreichen Medien getan werden kann, und ich bin überzeugt, dass wir es alle besser machen können. Wenn es um soziale Medien geht, sollten wir die Stadt auf dem Berge sein, ein Licht, das für alle sichtbar ist und zeigt, wie viel Großartiges und Gutes durch diese erstaunlichen Medien getan werden kann. Aber um das zu erreichen, gibt es einiges, das wir bekennen und von dem wir umkehren müssen.

Bevor wir darüber nachdenken, was es bedeutet, jeden Menschen immer mit Würde zu behandeln, möchte ich etwas klarstellen. Ich fordere keine oberflächliche Einstellung in den sozialen Medien, bei der wir ein fröhliches Gesicht aufsetzen und die Alltagsprobleme unserer gefallenen Welt verleugnen. Ich sage auch nicht, dass wir gekünstelte Freude zur Schau stellen sollten, um Jesu Reputation zu schützen. Das Leben in einer gefallenen Welt ist einfach schwierig. Viele von uns leiden, und wir müssen ehrlich zu den Herausforderungen des Lebens stehen. Es gibt zerstörerische Lügen, die entlarvt werden müssen. Die Kirche versagt, und wo dies der Fall ist, müssen Nachforschungen angestellt und Lehren daraus gezogen werden. Es gibt wichtige Debatten, die wir führen müssen. Dabei muss auch gerechter Zorn gegenüber dem Bösen erlaubt sein. Es gibt Dunkelheit, die aufgedeckt gehört, und Menschen, denen man entgegentreten muss. Die Bibel fordert uns nie auf, eine fröhliche Miene aufzusetzen und quasi-spirituelle Klischees zu verbreiten, während wir die Realität leugnen. Der biblische Glaube verlangt niemals, dass wir die Dinge, mit denen wir in dieser gefallenen Welt konfrontiert sind, verharmlosen, ignorieren oder leugnen. In diesem Kapitel geht es nicht um Verleugnung, sondern um die Art und Weise, wie wir miteinander über jene Dinge sprechen. Aufgrund der Tatsache, dass der Mensch als Gottes Ebenbild geschaffen ist und eine hohe Position in Gottes Wertesystem einnimmt, sollten wir jeden stets mit Würde behandeln – egal, wer er ist, was er tut, was er repräsentiert und wie falsch und verwerflich es uns erscheint. Es gibt einfach keine Ausnahmeklausel zu Gottes heiligem und allumfassendem Gebot: »Du sollst deinen Nächsten lieben wie dich selbst.«

Wie wir andere mit Würde behandeln

Was bedeutet es also, Menschen mit Würde zu behandeln?

- *Ich werde jeden Menschen mit Respekt behandeln, egal was passiert.* Diesen Respekt muss man sich nicht verdienen. Es ist die Ehre, die dir als Gottes Ebenbild zusteht. Ich muss aufpassen, dass ich mir nicht erlaube, respektlos und gemein zu sein, weil du der Feind dessen bist, was ich für gut, wahr und schön halte. Ich respektiere dich nicht aufgrund dessen, was ich von dir denke, sondern aufgrund dessen, wie Gott dich geschaffen hat.

- *Ich werde niemandem absichtlich Schaden zufügen.* Die Heilige Schrift untersagt uns eindeutig, unserem Nächsten auf irgendeine Weise Schaden zuzufügen.

Die Bibel verbietet Mord und Rache, sie fordert uns auf, zornig zu sein, ohne zu sündigen, und gebietet uns, nicht zu tratschen. Die Heilige Schrift macht deutlich, dass alle unsere Reaktionen aufeinander von Liebe geprägt und geleitet sein sollen, wenngleich diese Person unser Feind ist.

- *Ich werde die Erfahrungen anderer ernst nehmen.* Es ist so einfach, eine Person zu entmenschlichen, die ich nicht kenne, deren Meinung mir aber nicht gefällt. Man vergisst leicht, dass der Post, der mich gerade geärgert hat, nicht aus dem Nichts entstanden ist. Hinter einem Post, einer Meinung, einem Klick, einem Like oder einer Schimpftirade steht ein echter Mensch – mit allen Belastungen und Anspannungen des Lebens in einer gefallenen Welt. Ich weiß vielleicht nicht, was Menschen in die Situationen führt, in denen sie sich gerade befinden, aber ich weiß, dass das Leben in dieser kaputten Welt hart ist und Geduld, Mitgefühl und Verständnis erfordert.

- *Ich werde anderen Meinungen mit Wertschätzung und Gnade begegnen.* Die Heilige Schrift ruft uns zur Einheit auf, nicht zur Uniformität. Gott hat uns in vielerlei Hinsicht unterschiedlich geschaffen. Er hat unterschiedliche Lebensgeschichten für uns geschrieben, mit ganz anderen prägenden Einflüssen. Jeder erlebt die Welt anders. Wir drücken die gleichen Dinge nicht auf dieselbe Art und Weise aus. Wir sehen und erleben dieselben Dinge unterschiedlich. Selbst diejenigen unter uns, die ihr Herz und ihr Leben der Wahrheit Gottes unterstellt haben, sehen diese Wahrheit nicht auf dieselbe Weise. Es gibt zwar moralisch Richtiges und moralisch Falsches, aber nicht alle unterschiedlichen Meinungen sind eine Frage von richtig und falsch. Deshalb begegnen wir einander mit Demut, Freundlichkeit, Güte, Wertschätzung, Geduld und Gnade.

- *Ich werde auf andere mit Sympathie blicken, nicht mit Apathie oder Antipathie.* Menschen, die verwirrt sind, die moralisch falsch handeln, die davon überzeugt sind, dass das Falsche wahr ist, oder die praktisch als Feinde Gottes leben, sollten wir nicht mit Hass, sondern mit Mitgefühl begegnen. Wenn jemand, der sich verirrt hat, zu dir kommt und nach dem richtigen Weg fragt, dann hasst du ihn nicht und verspottest ihn nicht. Vielmehr zeigst du Mitgefühl mit seiner Notlage und hilfst ihm gern weiter. Wenn ich das, was ich habe, nicht verdient, sondern aus Gnade erhalten habe, sollte ich dann nicht dieselbe Gnade für die Person wollen, die ihrer noch bedarf?

- *Ich werde mir immer vergegenwärtigen, dass andere Menschen Ebenbilder Gottes sind.* Wir können das nicht oft genug tun. Sag dir bei jeder Begegnung, ob persönlich oder digital, immer wieder: »Diese Person ist ein Ebenbild Gottes! Sie ist Gottes Ebenbild!«

- *Ich werde von niemandem denken, er könne nicht mehr gerettet werden.* Wir dürfen niemanden so ansehen und ihn so behandeln, als ob er außerhalb der Reichweite von Gottes erlösender Gnade sei. Niemand ist ein hoffnungsloser Fall. Keine Sünde ist so groß, keine Dunkelheit so tief und keine Rebellion so stark, dass der betreffende Mensch

> sich der rettenden, überführenden, vergebenden, verwandelnden und befreienden Kraft der Gnade Gottes entziehen könnte. Wir müssen auf jeden eingehen und uns daran erinnern, dass Gottes Gnade immer tiefer ist – egal wie tief das Loch der Dunkelheit und der Sünde auch sein mag.

Am Ende dieses Kapitels wird mir bewusst, dass die Worte aus Psalm 8 nur von Jesus vollkommen erfüllt werden. Er ist mit Ehre und Herrlichkeit gekrönt. Als der siegreiche Erlöserkönig ist alles unter seine Füße gelegt. Und deshalb ist er unsere Hilfe und Hoffnung. Es entspricht nicht unserer Natur, unsere Feinde zu lieben. Es entspricht nicht unserer Natur, gütige Worte für diejenigen zu finden, die sich dem widersetzen, was wir für wahr halten. Es ist nicht natürlich für mich, jemanden mit Respekt zu behandeln, dessen Lebensstil nach Gottes Aussage unmoralisch ist. Sündiger Zorn fällt mir leichter als rechtschaffener Zorn. Ich bin also erneut mit der Tatsache konfrontiert, dass ich ein Mensch bin, der Hilfe braucht, und ich vermute, dass du das auch bist. Wir können um Hilfe bitten, weil wir wissen, wer Jesus ist und was er getan hat. Warum bittest du nicht hier und jetzt um diese Hilfe? Bekenne dein Versagen, empfange seine Vergebung und rufe nach seiner stärkenden Gnade.

12

Gegenwart

Ich habe die sozialen Medien immer als ein mächtiges Instrument zur Verkündigung des Evangeliums und zur Ermutigung anderer Menschen betrachtet. Jeden Tag poste ich auf mehreren Seiten christliche Inhalte und habe dadurch viele Follower. Natürlich werde ich deswegen auch regelmäßig verspottet, beschuldigt, falsch dargestellt, nicht respektiert oder abgelehnt. Deshalb habe ich mir vorgenommen, mich in den sozialen Medien so zu verhalten, als ob ich tatsächlich an die Gegenwart, die Macht und das unaufhörliche Wirken meines Herrn glaube. An diese Verpflichtung muss ich mich selbst immer wieder erinnern. Weil ich versuche, aus dem Vertrauen in die Gegenwart des Herrn zu leben, will ich auch seinem Beispiel folgen.

Kein Mensch wurde mehr missachtet als Jesus. Niemand wurde schärfer infrage gestellt oder gröber verspottet als er. Keiner hat mehr persönliche Ungerechtigkeit erlitten als er. Niemand hatte mehr Recht, sich selbst zu verteidigen, als Jesus, aber er tat es nicht. Er ließ sich durch nichts von seinem Erlösungsauftrag ablenken oder abbringen. Er kam, um den Willen seines Vaters zu tun – weiter nichts. Er glaubte, dass es ein größeres und mächtigeres Gericht gab als das Urteil seiner Zuhörer oder seiner Gegner, und dass der Richter in jeder Hinsicht vollkommen war. So fuhr er fort und erklärte, wer er war und wozu er gekommen war, ohne auf jeden Vorwurf einzugehen oder jede Gelegenheit zu nutzen, um sich selbst zu verteidigen. Selbst als er bedroht wurde, blieb er unbeugsam und entschlossen. Die Gegenwart dieses Mannes ist meine tägliche Hoffnung und mein Trost. Seine Gegenwart bewahrt mich davor, von meinem Weg abzukommen, meine Berufung zu vergessen und mich selbst in den Mittelpunkt zu stellen.

Das Beispiel Jesu gibt mir eine praktische Orientierung, wenn ich attackiert werde. Petrus sagte: »Der, als er geschmäht wurde, die Schmähung nicht erwiderte, nicht drohte, als er litt, es aber dem anheimstellte, der gerecht richtet« (1 Petr 2,23). Diese Worte waren für mich immer wie ein schützender Mentor. Angesichts der destruktiven Kultur der Reaktivität will ich dem Beispiel dieses Menschen folgen, der bei mir ist. Ich will an seine vollkommen heilige Gerechtigkeit glauben. Ich denke, wenn *er* den Ruf derer, die er als seine Botschafter berufen hat, nicht schützen kann, dann kann es niemand. Ich werde nicht zurück spotten, wenn ich verspottet werde. Ich werde denen, die mich bedroht haben, nicht drohen. Ich werde mit Anstand leiden, weil ich weiß, wem ich diene. Ich werde mir seine Gegenwart bewusst machen, ich werde jeden Tag damit beginnen, mich an meine Identität als sein Kind zu erinnern, ich will seinen Geboten gehorchen und seinem Beispiel folgen, und ich werde fest daran glauben, dass ich jetzt gesegnet und später belohnt werde, wenn ich das tue. Bei all dem habe ich Frieden im Herzen, weil ich weiß, dass mein Herr heilig und gut ist. Natürlich fällt mir das alles nicht immer leicht.

Ich werde manchmal wütend. In manchen Momenten frage ich mich, was mein Herr eigentlich tut. Ich bin versucht zurückzuschießen, wenn ich getroffen werde, und ich bin auch verletzbar. Aber ich habe die Erfahrung gemacht, dass es mir zum Segen wird, wenn ich Beleidigungen gegen mich nicht die wichtigsten Antriebsfaktoren in meinem Leben sein lasse. Täglich flüchte ich zu diesem Bibelwort:

> **»Wer festen Herzens ist, dem bewahrst du Frieden;**
> **denn er verlässt sich auf dich.«**
>
> **JES 26,3**

Ich stehe jeden Morgen auf und versuche nicht, meine Worte vor meinen Anklägern zu rechtfertigen, sondern meinem Herrn zu vertrauen. Ersteres wird dir niemals vollkommenen Herzensfrieden bescheren, aber letzteres wird dir Frieden schenken und dein Herz zur Ruhe kommen lassen.

Am Ende dieses Buches möchte ich darüber nachdenken, was es praktisch bedeutet, aus dem tiefen Glauben an die Gegenwart, Macht, Güte, Heiligkeit, Gerechtigkeit und Barmherzigkeit des Herrn heraus zu agieren und zu reagieren. So kann ich in seiner Gegenwart ruhen:

Ich werde immer so reden, dass der Zuhörer sich mit Gnade beschenkt fühlt (vgl. Eph 4,29).
Ich kann immer Worte der Gnade aussprechen, weil ich an einen Gott glaube, dessen Gnade die mächtigste Kraft der Herzens- und Lebensveränderung im Universum ist. Ich muss keine Veränderung erzwingen, die ich nicht selbst bewirken kann, weil er existiert, jede Lebenslage lenkt und mich befähigt, zu tun, wozu er mich berufen hat. Er hat die Macht, das zu vollbringen, was ich aus eigener Kraft nie erreichen könnte. In der Gegenwart und in der Macht des Erlösers zu ruhen bedeutet, dass ich nicht versuchen

muss, Kraft meiner Worte, meiner Persönlichkeit, meines Zorns oder was auch immer, die Herzen anderer Menschen zu bewegen. Das kann nur er tun.

Vermitteln deine Worte immer Gnade?

Ich werde nicht die Sonne über meinem Zorn untergehen lassen (vgl. Eph 4,26).

Wenn es in der Kommentarzeile düster wird, wenn es vor Verurteilungen und Anschuldigungen gegen mich nur so wimmelt, dann tröstet mich die Tatsache, dass es einen gerechten Richter auf dem Thron des Universums gibt. Er wird im Angesicht des Unrechts immer das Richtige tun. Er ist der einzig wirklich heilige und weise Rächer. Es ist eine Gnade, dass ich zur Seite treten und seinem vollkommen gerechten Zorn nicht in die Quere kommen kann. Er ist der letzte Verteidiger seiner Kinder und seiner Wahrheit. So übergebe ich am Ende des Tages meinen Zorn an ihn als Glaubensakt und ruhe in Frieden, weil ich weiß, dass mein Leben und mein Dienst bei ihm in den besten Händen sind.

Trägst du deinen Zorn mit dir herum
oder übergibst du ihn Gott?

Ich werde mich der Königsherrschaft Gottes unterordnen und nicht versuchen, mein eigenes Reich zu errichten (vgl. Mt 6,33).

Meine Zugehörigkeit zum Reich Gottes bedeutet, dass ich davon befreit bin, meine persönlichen Beziehungen und meine Benutzerkonten in den sozialen Medien zu nutzen, um mein eigenes Reich aufzubauen. Weil ich auserwählt wurde, ein Botschafter des Königs zu sein, bin ich von der Last befreit, selbst König sein zu wollen. Ich versuche nicht länger, meine »Marke« aufzubauen, Follower anzuhäufen, prominent zu sein oder Macht auszuüben. Ja, ich will ein »Influencer« sein und Menschen prägen – aber nicht um Menschen an mich zu ziehen, sondern um sie mit meinem Erlöserkönig bekannt zu machen. Nur wenn ich den König und sein Reich liebe, werde ich auch andere auf rechte Weise lieben und muss sie nicht dazu überreden, meinen eigenen Interessen zu folgen. Ich diene einem siegreichen, gegenwärtigen und herrschenden König, und das ändert alles.

Wessen Reich willst du mit deinen Reaktionen aufbauen?

Ich will glauben, dass ich als Kind Gottes die Kraft habe, dem Teufel zu widerstehen (vgl. Jak 4,7).
Nicht weil ich über eine eigene geistliche Einsicht oder Kraft verfüge, sondern weil Gott in mir, mit mir und für mich ist, kann ich zu den unzähligen Versuchungen Nein sagen, denen mich die destruktive Kultur der Reaktivität täglich aussetzt. Es gibt Posts, die mich wütend machen, mich verletzen oder mich unrechtmäßig anklagen. Dann ist es sehr verlockend, in den toxischen Pool der destruktiven Kommunikation zu springen und mich dort zu meiner eigenen Verteidigung auszutoben. Aber ich bin nicht auf meine eigene Kraft angewiesen, denn ich diene dem, der den Satan besiegt hat. Also kann auch ich ihm widerstehen. Ich bin wirklich in der Lage, meine Feinde zu lieben, ich kann denen, die mich schlecht behandeln, tatsächlich Gutes tun, und ich habe die Macht, wenn ich bedroht werde, nicht im Gegenzug zu drohen. Ich kann der Versuchung widerstehen, auf Sünde mit Sünde zu reagieren, denn derjenige, der die Sünde besiegt hat, hat mich zum Tempel gemacht, in dem er wohnt.

Nutzt du Gottes Kraft, die in dir wirkt,
um den Versuchungen dieser destruktiven
Kultur zu widerstehen?

Ich will nicht höher von mir selbst denken, als es sich gebührt (vgl. Röm 12,3).
Nichts ist demütigender, als vor der Heiligkeit, der unendlichen Macht, der vollkommenen Weisheit, der makellosen Liebe und der treuen Gnade des Königs der Könige zu stehen. Du und ich werden uns selbst immer nur dann richtig sehen, wenn wir uns durch die Brille seiner unermesslichen Herrlichkeit betrachten. Von sich selbst nicht mehr zu halten, als man sollte, bedeutet viel, viel mehr als sich zu bemühen, demütig zu sein. Es bedeutet, sich zu demütigen, indem man die Augen für all das öffnet, was Gott ist und was man selbst nicht ist. Mit offenen Augen und offenem Herzen lebst du im Schatten der Majestät des allmächtigen Herrn. Seine allgegenwärtige Herrlichkeit vernichtet die menschliche Arroganz, die uns dazu bringt, uns mehr um unsere Rechte, unsere Reputation, unsere Macht, unsere Anerkennung und unsere Position zu sorgen als um seine heilige Ehre.

Wessen Ehre, Ruhm und Position willst du mit deinen Reaktionen verteidigen?

Ich werde die von Gott gesetzten Grenzen respektieren (vgl. Röm 12,3).
Ich bin nicht frustriert über meine Begrenzungen, weil ich wirklich glaube, dass Gott bei mir ist. Er gibt mir alles, was ich brauche, um so zu sein, wie Gott es sich gedacht hat, und um die Dinge zu tun, zu denen er mich berufen hat, und zwar auf die Art und Weise, die er für mich vorgesehen hat. Warum solltest du jemals angesichts deiner Grenzen entmutigt sein, wenn Gott dich nicht deinem kleinen Ressourcen-Vorrat überlässt, sondern dich ständig mit Dingen versorgt, die du ohne die Großzügigkeit seiner Gegenwart und Gnade niemals hättest? Deshalb muss ich nicht versuchen, etwas zu tun, wozu ich keine Kraft habe. Ich bin davon befreit, von meinen harten Worten, von meiner angedrohten Ablehnung, von der Kraft meines Zorns oder von der Macht einer Gruppe das zu

erwarten, was nur Gott in seiner unendlichen Macht und erstaunlichen Gnade tun kann.

Überschreitest du in deinen Reaktionen deine Grenzen und versuchst du, in anderen das zu bewirken, wozu du eigentlich nicht fähig bist?

Ich werde mich daran erinnern, dass meine Welt nicht außer Kontrolle geraten ist (vgl. Apg 17,22–34).
Ich liebe die Antwort des Apostels Paulus an die Athener Philosophen, als er ihnen den Gott beschrieb, von dem sie glaubten, ihn nicht zu kennen. Er spricht von Gottes Kontrolle und sagt, dass Gott die Länge unseres Lebens und die Orte, an denen wir leben, genau bestimmt (vgl. 17,26). Aber dann sagt er etwas überaus Tröstliches. Paulus erklärt, dass Gott dies tut, damit er jedem von uns nahe ist, sodass wir jederzeit die Hand ausstrecken und ihn berühren können (vgl. 17,27). Gott ist nicht nur souverän über alles, er ist *souverän gegenwärtig*. Seine Souveränität garantiert seine Gegenwart und seine Gegenwart garantiert, dass unsere Welt nie außer Kontrolle gerät. Wenn ich an seine Gegenwart und seine Herrschaft glaube, dann bin ich davon befreit, aus Panik, aus dem Bedürfnis nach Kontrolle oder aus eigenen Machtspielchen heraus zu reagieren. Im Leben geht es nicht darum, so viel Macht und Kontrolle wie möglich zu erlangen, sondern darum, in demjenigen zu ruhen, der uneingeschränkte Macht über alles im Himmel und auf Erden hat.

Ist die Art und Weise, wie ich auf andere reagiere, ein Hinweis auf die Weisheit, die Macht und die Gegenwart dessen, der alle Dinge unter Kontrolle hat?

*

Während ich an diesem letzten Kapitel meines Buches arbeitete, sprach ich mit meiner Frau Luella über die Schönheit eines Lebens im Bewusstsein der Gegenwart des Herrn, und sie sagte: »Seid stille und erkennet, dass ich Gott bin!« (Ps 46,11). Als sie wegging, griff ich nach meinem Handy und googelte Psalm 46. Ich rief sie zurück und sagte ihr, dass sie mir damit den Schluss für dieses Buch gegeben hatte. Sie antwortete: »Ich habe gerade dafür gebetet, dass Gott dir genau das richtige Ende schenkt.« Ja, er ist da. Er kümmert sich. Er erhört Gebete. Er gibt uns, was wir brauchen. Er ist gut, gnädig und großzügig. Seine Heiligkeit steht niemals im Widerspruch zu seiner Liebe. Seine Macht erdrückt niemals seine zarte Gnade. In diesem Augenblick an jenem Morgen haben Luella und ich wieder einmal erfahren, dass er uns in liebevoller Gnade zur Seite steht.

Ich schließe also mit Psalm 46. Die Weltsicht dieses Psalms bildet den Hintergrund für das ganze Buch. In einer chaotischen Welt, in der Menschen aufeinander losgehen, brauchen wir uns aus einem einzigen Grund nicht zu fürchten: Gott ist Gott. Nimm dir Zeit, um in diesem wunderbaren Psalm zu verweilen. Gib ihm Zeit, dich nicht nur zu informieren, sondern – was noch wichtiger ist – dich zu verändern. Wenn du still wirst und dich daran erinnerst, dass Gott Gott ist, geht es nicht darum, die beunruhigende Realität der gefallenen Welt, in der du lebst, zu leugnen. Diese Realitäten werden in dem Psalm anschaulich dargestellt. Nein, still zu sein und zu wissen, dass Gott Gott ist, hat damit zu tun, welche Gedanken dich bewusst und unbewusst beherrschen. Anstatt so viel Zeit damit zu verbringen, von einem sozialen Netzwerk zum anderen zu wechseln und zu sehen, wie verkorkst die ganze Welt ist, wäre es vielleicht besser, mehr Zeit darin zu investieren, deine Seele in den erfrischenden Wassern der Herrlichkeit Gottes zu baden. Währenddessen solltest du nicht vergessen: Alles, was Gott ist, ist er für dich – aus Gnade.

»Gott ist unsre Zuversicht und Stärke, eine Hilfe in den großen Nöten, die uns getroffen haben. Darum fürchten wir uns nicht, wenngleich die Welt unterginge und die Berge mitten ins Meer sänken, wenngleich das Meer wütete und wallte und von seinem Ungestüm die Berge einfielen. Sela. Dennoch soll die Stadt Gottes fein lustig bleiben mit ihren Brünnlein, da die heiligen Wohnungen des Höchsten sind. Gott ist bei ihr drinnen, darum wird sie fest bleiben; Gott hilft ihr früh am Morgen. Die Völker müssen verzagen und die Königreiche fallen, das Erdreich muss vergehen, wenn er sich hören lässt. Der HERR Zebaoth ist mit uns, der Gott Jakobs ist unser Schutz. Sela. Kommt her und schauet die Werke des HERRN, der auf Erden solch ein Zerstören anrichtet, der den Kriegen ein Ende macht in aller Welt, der Bogen zerbricht, Spieße zerschlägt und Wagen mit Feuer verbrennt. Seid stille und erkennet, dass ich Gott bin! Ich will mich erheben unter den Völkern, ich will mich erheben auf Erden. Der HERR Zebaoth ist mit uns, der Gott Jakobs ist unser Schutz. Sela.«

PS 46

Vielleicht würde sich das oft toxische Klima in den sozialen Medien und sogar in unseren Gemeinden radikal verändern, wenn wir alle der Aufforderung von Psalm 46 folgen und viel mehr Zeit damit verbringen würden, *stille zu sein*.